মাকতুব

মাকতুব

পাওলো কোয়েলহো

অনুবাদ : চুমকি চট্টোপাধ্যায়

MANJUL

মঞ্জুল পাবলিশিং হাউস

First published in India by

MANJUL

Manjul Publishing House
Corporate and Editorial Office
•2nd Floor, Usha Preet Complex, 42 Malviya Nagar, Bhopal 462 003 – India
Sales and Marketing Office
•C-16, Sector 3, Noida, Uttar Pradesh 201301 – India
Website: www.manjulindia.com
Distribution Centres
Ahmedabad, Bengaluru, Bhopal, Kolkata, Chennai,
Hyderabad, Mumbai, New Delhi, Pune

Bengali translation of *Maktub* by *Paulo Coelho*

This edition was published by arrangements with Sant Jordi Asociados Agencia Literaria S.L.U., Barcelona, Spain
www.santjordi-asociados.com
http://paulocoelhoblog.com

This edition first published in 2024

ISBN 978-93-5543-488-3

Jacket design by Jim Tierney
Author photograph © Xavier González

Translation by Chumki Chattopadhyay

Printed and bound in India by Thomson Press (India) Ltd.

ও মেরি, নিষ্পাপভাবে গর্ভধারণ করেছিলে, তোমার কাছে যারা আশ্রয় চাইছে, তাদের রক্ষা কোরো। আমেন।

*নহা চিকা, প্যাট্রিসিয়া কেস, এডিনহো
এবং অ্যালসিনো লেইতে নেতো*

হে পিতা, স্বর্গ এবং মর্ত্যের অধীশ্বর, আমি তোমাকে ধন্যবাদ জানাই, তুমি যে সমস্ত জিনিস জ্ঞানী এবং বিচক্ষণ মানুষের কাছে লুকিয়েছ, শিশুদের কাছে সেই সব উন্মোচিত করেছ।

লিউক ১০:২১, কে যে ভি

শুরুর আগে

মাকতুব জ্ঞান বিতরণ করার বই নয়, অভিজ্ঞতা আদানপ্রদানের বই।

এই বইয়ের বেশির ভাগ গল্পই আমার মাস্টারমশাইয়ের সঙ্গে দীর্ঘ এগারো বছরের সম্পর্ক থেকে উঠে আসা। অন্যান্য গল্পগুলোর কোনোটার সূত্র আমার বন্ধুরা অথবা এমন কেউ যার সঙ্গে জীবনে আমার একবারই দেখা হয়েছে কিন্তু আমার মনে অবিস্মরণীয় ছাপ ফেলে গেছে। সব শেষে বলি, যে সব বই বা গল্প আমি পড়েছি— যেমনটা Jesuit Anthony de Mello বলেছেন— সেই মানব সভ্যতার আধ্যাত্মিক ঐতিহ্য আমাকে প্রভাবিত করেছে।

Folha de Sao Paulo (রঙ্গিন) ক্রোড়পত্রের সেই সময়ের সম্পাদক অ্যালসিনো লেইতে নেটো (Alcino Leite Neto) আমাকে ফোন করেছিলেন তাঁর কাগজে প্রতিদিন একটি করে কলাম লেখার প্রস্তাব দিতে। তখন আমি ইউনাইটেড স্টেটসে। কী লিখব তার কোনো সূত্র আমার মাথায় না থাকলেও আমি সেই প্রস্তাবে রাজি হয়ে যাই। প্রস্তাবটা আমার বেশ চ্যালেঞ্জিং মনে হয়েছিল। বেঁচে থাকা মানেই তো ঝুঁকি নেওয়া, তাই নয় কি? এই কারণেই বলা যায় *মাকতুব* কোনো জ্ঞান বিতরণের বই নয়, নিছকই অভিজ্ঞতা আদানপ্রদানের গল্প।

শুরুর আগে

যখন আমি বুঝলাম যে, এই কাজে বিস্তর খাটনি, সত্যি বলতে কি, প্রায় ছেড়ে দেবই ভাবছিলাম। আমার একটা বই বেরল, তার জন্যে বিদেশে গেলাম, একটু প্রচার করলাম, সে আলাদা। এই রোজের লেখালিখি আমার কাছে যন্ত্রণাদায়ক মনে হতে লাগল। কিন্তু আশপাশের সমস্ত ইঙ্গিত যা আমি পাচ্ছিলাম, তাতে মনে হচ্ছিল আমাকে এই লেখা চালিয়ে নিয়ে যেতে হবে। পাঠকের চিঠি, বন্ধুদের করা মন্তব্য, কেউ বা দেখাল যে তার পার্সে কাগজ থেকে আমার লেখা কলাম কেটে রেখে দিয়েছে। এরপর তো আর না লিখে পারা যায় না।

ধীরে ধীরে আমি বিষয়ের ওপর জোর দিয়ে সরাসরি লিখতে শিখলাম। একবার লিখে বারবার পড়ে দেখতে লাগলাম, যা আমি আগে কখনোই করতাম না। বারবার পড়াতে নিজে বেশ একটা আত্মতৃপ্তি অনুভব করতে লাগলাম।

আমার চারদিকে যা কিছু ঘটছে সেসব খুবই মন দিয়ে দেখতে লাগলাম, আমার মাস্টারমশাইয়ের বলা কথাগুলোতে গুরুত্ব দিলাম এবং তার অন্যতম কারণ হল *মাকতুব* বইটি লেখা। এই পুরো ব্যাপারটা আমাকে এতটাই সমৃদ্ধ করেছে যে, আজ আমি কৃতজ্ঞতা জানাই কাজটা আমাকে দেওয়ার জন্য।

Folha de Sao Paulo কাগজে জুন ১০, ১৯৯৩ থেকে জুন ১১, ১৯৯৪ পর্যন্ত প্রকাশিত গল্পগুলো থেকে এই সংকলনের জন্যে আমি কিছু গল্প বেছে নিয়েছি। অন্যান্য কিছু গল্প *Manual of the Warrior of Light* এ প্রকাশিত। *The Alchemist* বইটির সঙ্গী হিসেবে মাকতুব এবং ম্যানুয়াল অফ দ্য ওয়ারিয়র অফ লাইট বই দুটো পড়ে দেখতে পারেন।

শুরুর আগে

একটি বইয়ের মুখবন্ধে অ্যান্থনি ডি মেলো লিখেছেন— লেখকের কাজ অনেকটা তাঁত বোনা এবং রঞ্জক দিয়ে রঙ করার মতো। সুতো বা কাপড়ের গুণমানের বিষয়ে কোনো কৃতিত্ব তাঁর নেই।

আমার ক্ষেত্রেও একই কথা প্রযোজ্য!

পাওলো কোয়েলহো

শহরতলীর মধ্যিখানে বসে পর্যটকমশাই সামনের পরিশীলিতভাবে বানানো বাড়িটার দিকে দেখছিলেন। ওই জায়গায় আগেও তিনি বন্ধুদের সঙ্গে এসেছেন, সে সময়ে যেটুকু তাঁর চোখে পড়েছিল তা হল, এই বাড়িটার সঙ্গে বহু বছর আগে ক্যাটালান (Catalan) স্থপতির বানানো বাড়ির সাদৃশ্য, যিনি কখনও ওই অঞ্চলে পা-ই রাখেননি।

বাড়িটা রিও ডি জেনেইরোর (Rio de Janeiro) ক্যাবো ফ্রিওর (Cabo Frio) কাছাকাছি এলাকায় অবস্থিত। সম্পূর্ণ বাড়িটা নানান জিনিসের ভাঙা টুকরো দিয়ে তৈরি। এই বাড়িটার মালিক গ্যাব্রিয়েল ১৮৯৯ সালে স্বপ্ন দেখেন, এক দেবদূত এসে তাকে বলছেন 'টুকরো টাকরা দিয়ে বাড়ি তৈরি করো।' গ্যাব্রিয়েল ভাঙা টালি, ভাঙা বাসনপত্র, ভাঙা গয়নাগাটি ইত্যাদি সংগ্রহ করতে শুরু করেন। কাজ করতে শুরু করে গ্যাব্রিয়েল বলেন, 'প্রত্যেকটা টুকরোই অসীম সৌন্দর্য সৃষ্টি করছে।'

গ্যাব্রিয়েলের কাজের প্রথম চল্লিশ বছর প্রতিবেশীরা ওকে পাগল বলে ভেবেছে। বাড়িটা কিন্তু কিছু পর্যটকের চোখে পড়ে যাওয়াতে এবং তারা তাদের বন্ধু-বান্ধবদের নিয়ে আসাতে গ্যাব্রিয়েল হঠাৎই জিনিয়াস আখ্যা পেয়ে যান। কিন্তু এই খেতাব বেশিদিন কপালে টেকে না, গ্যাব্রিয়েল অচিরেই আবার অনামী এক স্থপতি হয়ে যান।

যাইহোক না কেন, গ্যাব্রিয়েল নিরলসভাবে তাঁর বাড়ি তৈরির কাজ চালিয়ে যান এবং যখন তাঁর ৯৯ বছর বয়েস তখন বাড়িতে শেষ টুকরোটি বসিয়ে তিনিও অন্তিম নিঃশ্বাস ত্যাগ করেন।

পর্যটকমশাই একখানা সিগারেট ধরিয়ে নিঃশব্দে ধোঁয়া ছাড়েন। আজ কিন্তু তিনি ক্যাটালান স্থপতি অ্যান্টনি গৌডি (Antoni Gaudi) আর গ্যাব্রিয়েলের তৈরি করা বাড়ির মিল খুঁজতে বসেননি। আজ তিনি ওই বাড়িতে গাঁথা প্রতিটা টুকরোতে নিজের জীবনের প্রতিফলন দেখছিলেন যা কিনা, অন্য সবার মতোই, টুকরো টুকরো ঘটনার সমষ্টি। একটা সময়ে এসে সেই টুকরোগুলোই নির্দিষ্ট আকার নিয়ে নেয়।

হাতে ধরা কাগজগুলো পড়তে পড়তে অতীত দিনের স্মৃতি মন্থন করছিলেন পর্যটকমশাই। এগুলিও তো জীবনের টুকরো টুকরো অংশ! যা যা অভিজ্ঞতার মধ্যে দিয়ে তিনি গেছেন, যত বই পড়েছেন তার কিছু স্মৃতি, মাস্টারমশাইয়ের শিক্ষা, বন্ধুদের বা অন্য কারুর বলা গল্প অথবা নিজের কাটানো সময় এবং স্বপ্নের প্রতিফলন।

ঠিক যেমন একজন স্থপতি স্বপ্নে দেবদূতের নির্দেশ পেয়ে বাড়ি বানাতে শুরু করেছিলেন যে বাড়িটার দিকে পর্যটকমশাই তাকিয়ে আছেন, ঠিক তেমনই নিজের আধ্যাত্মিক স্থাপত্যকে বোঝার জন্য কাগজের এই খণ্ডগুলোকে পরপর একত্রিত করা জরুরি। ছোটবেলায় পড়া মালবা তাহানের লেখা (Malba Tahan) মাকতুব (Maktub) বইটার কথা মনে পড়ে যায় এবং তিনি ভাবেন—

'সম্ভবত আমারও তাই করা উচিত।'

গুরু বললেন:

যখন আমাদের চেতনা বুঝতে পারে যে সময় পাল্টাতে চলেছে, অবচেতনেই মনের ভেতর এই অবধি আমাদের যাকিছু ব্যর্থতা, সেই ঘটনাগুলোর ছবি পুনরায় ফিরে ফিরে আসতে শুরু করে।

আমাদের বয়েস বাড়ার সঙ্গে সঙ্গে, নিশ্চিতভাবে বলা যায়, আমাদের অসুবিধেগুলোও বাড়তে থাকে। আবার এটাও ঠিক যে, অভিজ্ঞতা আমাদের সেইসব অসুবিধেগুলো কাটিয়ে উঠে কীভাবে এগিয়ে যেতে হবে, সেই রাস্তা দেখায়। আমাদের মনের ভিডিওতে এগুলোকেও অন্তর্ভুক্ত করা দরকার।

আমরা যদি কেবলই আমাদের ব্যর্থতার ভিডিও দেখতে থাকি তাহলে পঙ্গু হয়ে যাব, কাজ করতে পারব না। আবার যদি কেবলই সাফল্যের ছবির ভিডিও দেখতে থাকি তাহলে নিজেদের অতিচালাক ভেবে বসব যা আদতে নই।

আমাদের দু ধরনের ভিডিওই দেখতে হবে।

শুঁয়োপোকার কথা ভাবো। জীবনের বেশি সময়টাই সে মাটিতে কাটায়। নিজের চেহারা আর ভাগ্যের প্রতি ক্ষোভ নিয়ে আকাশের পাখির দিকে তাকিয়ে থাকে। সে ভাবে, 'আমিই মনে হয় সবথেকে ঘৃণ্য জীব। কুৎসিত, বিকর্ষক, পৃথিবীর বুকে হেঁটে বেড়ানোর অযোগ্য।'

একদিন, প্রকৃতি তাকে বলল গুটি বানাতে। শুঁয়োপোকা ভয় পেল। আগে সে কখনো গুটি বানায়নি। সে আন্দাজ করে নিল, নিজের সমাধিসৌধ সে নিজেই বানিয়ে এইবার মৃত্যুর দিকে এগিয়ে যাবে। এপর্যন্ত যেভাবে বেঁচেছে সেই ক্ষোভ নিয়ে আরও একবার সে ভগবানের কাছে নালিশ জানাল :

'জীবনের সঙ্গে যখন ধীরে ধীরে আপোষ করে নিচ্ছিলাম, আপনি সেটুকুও কেড়ে নিলেন।'

দুঃখের চোটে সে নিজেকে গুটির ভেতর বন্দী করে ফেলল এবং মৃত্যুর অপেক্ষা করতে লাগল।

কিছুদিন পর, শুঁয়োপোকা দেখল সে সুন্দর একটি প্রজাপতিতে রূপান্তরিত হয়েছে। সে এখন বাতাসে উড়ে বেড়াতে পারছে, মানুষজন তার প্রশংসা করছে। ভগবানের তৈরি করা নক্সা অনুযায়ী তার জীবন তাকে কোন দিকে নিয়ে গেল, তা ভেবে সে যারপরনাই আশ্চর্য হল।

পাওলো কোয়েলহো

একদিন অপরিচিত কেউ একজন একটি মঠে গিয়ে সন্ন্যাসীর সঙ্গে দেখা করে বলল:

'আমি ভালোভাবে বাঁচতে চাই। কিন্তু কিছুতেই পাপী চিন্তাভাবনা থেকে মন সরাতে পারছি না।'

বাইরে ভালো হাওয়া বইছে লক্ষ্য করে সন্ন্যাসী বললেন:

'মঠের ভেতর খুব গরম। তুমি বরং বাইরে গিয়ে একমুঠো হাওয়া নিয়ে এসো যাতে ঘরের ভেতরটা একটু ঠান্ডা হয়।'

'এতো অসম্ভব!' লোকটি বলল।

'ঈশ্বরকে অসন্তুষ্ট করে, তেমন চিন্তা থামানোও অসম্ভব।' সন্ন্যাসী বললেন। 'যদি তুমি লোভ সম্বরণ পারো, তাহলেই আর কোনো সমস্যায় পড়বে না।'

গুরু বললেন:

যখন কোনো সিদ্ধান্ত নেওয়া হয়, তখন তার পরিণতির কথা না ভেবে, যা ফলাফল হবে তা গ্রহণ করা উচিত। সেই পরিণতি কেমন হবে তা আগাম জানা সম্ভব নয়।

ভবিষদ্বাণীর আসল উদ্দেশ্য হল মানবজাতিকে উপদেশ দেওয়া, সচেতন করা— ভবিষ্যৎ দেখা নয়। পরামর্শদাতা হিসেবে ভবিষদ্বাণী যেমন চমৎকার, তেমনই খারাপ দৈববাণীপ্রবক্তা হিসেবে।

যীশু আমাদের প্রার্থনার মাধ্যমে শিখিয়েছেন 'সব হয়ে যাবে' (Thy will be done)। যখনই সমস্যা আসবে, সমাধানও তার পিছু পিছু আসবে।

ভবিষদ্বাণীর দ্বারা যদি ভবিষ্যৎ দেখা যেত তাহলে ভবিষৎদ্রষ্টারা সবথেকে ধনী, বিবাহিত এবং সুখী হত।

এক শিষ্য তার গুরুর সঙ্গে দেখা করতে গেল।

'বহু বছর যাবৎ আমি আলোকপ্রাপ্ত হবার সাধনা করছি। মনে হয়, আমার আলোকপ্রাপ্ত হতে আর খুব বেশি দেরি নেই। আমি জানতে চাইছি, এর পরের ধাপ কী হবে।'

'তুমি কীভাবে জীবীকা নির্বাহ করো?' গুরু জানতে চাইলেন।

'এখনো অবধি আমাকে কিছু করতে হয়নি। আমার বাবা মা সর্বসময় আমাকে সাহায্য করেছেন।'

'সূর্যের দিকে আধ মিনিট তাকিয়ে থাকাই তোমার পরবর্তী কাজ।' গুরু বললেন।

শিষ্য গুরুর আদেশ পালন করল।

আধ মিনিট হয়ে যাবার পর গুরু শিষ্যকে বললেন, 'তোমার চারপাশের দৃশ্যাবলীর বর্ণনা দাও।'

'আমি তো কিছুই দেখতে পাচ্ছি না, সূর্য আমাকে অন্ধ করে দিয়েছে।' শিষ্য বলল।

'যে মানুষ সমস্ত কাজ অন্যের কাঁধে দিয়ে নিজে শুধু আলোর খোঁজ করে, সে কখনোই আলোকপ্রাপ্ত হয় না। আলোর খোঁজে একনাগাড়ে সূর্যের দিকে তাকিয়ে থাকলে তার পরিণতি অন্ধত্ব।' গুরু বললেন।

পাইরেনিস (Pyrenees) অঞ্চলের একটা প্রান্তর দিয়ে হেঁটে যাচ্ছিল একজন। সেখানে এক রাখালের সঙ্গে তার দেখা হয়। লোকটি তার খাবার রাখালের সঙ্গে ভাগ করে খায় এবং জীবন নিয়ে অনেক গল্প করে।

"আমাদের যদি ভগবানে বিশ্বাস করতে হয় তাহলে এটাও মানতে হবে যে আমাদের নিজস্ব ইচ্ছেতে কাজ হবে না, জীবনের প্রতিটা পদক্ষেপই ভগবানের দ্বারা নিয়ন্ত্রিত হবে।" লোকটি বলে।

রাখাল তখন লোকটিকে একটি খাদের ধারে নিয়ে যায়। চারিদিক পাহাড়ে ঘেরা। এখানে যেকোনো আওয়াজ করলেই তা প্রতিধ্বনি হয়ে ফিরে আসে।

"জীবন হচ্ছে এই খাদের ধারের পাহাড়গুলোর দেওয়ালের মতো, আর ভাগ্য হচ্ছে প্রতিটা মানুষের চাহিদা।" রাখাল বলল। "তুমি যেমন কর্ম করবে সেসবই ঈশ্বরকে ছুঁয়ে প্রতিদান হয়ে তোমার কাছে ফিরে আসবে। ভগবান আমাদের কর্মের প্রতিধ্বনি হিসেবে কাজ করেন।"

মাকতুব শব্দের অর্থ হলো ‘যা লেখা আছে’। সব লেখা থাকলেও একজন আরবের বক্তার কাছে এই অনুবাদ সঠিক নয়। তাঁর ভাবনায়, ঈশ্বর মঙ্গলময়, আমাদের মঙ্গলের জন্যই তিনি তার কালি ও কলম ব্যবহার করেন।

পর্যটক এখন নিউ ইয়র্কে। ঘুম থেকে উঠতে তাঁর দেরি হয়ে গেছে, এদিকে অ্যাপয়েন্টমেন্ট আছে। তড়িঘড়ি তৈরি হয়ে রাস্তায় নেমে দেখলেন, তাঁর গাড়িটা পুলিশ উঠিয়ে নিয়ে গেছে।

ভদ্রলোক দেরি করে মিটিঙে পৌঁছলেন। দুপুরের খাবারের সময় দীর্ঘ হলো, তিনি বুঝলেন প্রচুর জরিমানা দিতে হবে। একেবারে অমূল্য কপাল! হঠাৎ করেই তাঁর মনে পড়ল আগের দিন টাকা কুড়িয়ে পাওয়ার কথা। ‘যার টাকা সে নেবার আগেই সম্ভবত আমি তুলে নিয়েছিলাম। যার প্রকৃত দরকার ছিল এই টাকার, তার রাস্তায় আমি বাধা হয়ে দাঁড়িয়েছি। যা লিখিত ছিল তাতে আমি নাক গলিয়েছি।’

এই পাপ থেকে তাকে অব্যাহতি পেতেই হবে। আর সেই মুহূর্তে রাস্তার ধারে এক ভিক্ষাজীবীকে দেখতে পেয়ে তাড়াতাড়ি গিয়ে তার হাতে টাকাটা দিলেন ভদ্রলোক।

ভিখারি বলল, 'একটু দাঁড়িয়ে যাবেন। আপনার দানের বিনিময়ে আপনাকে একটা কবিতা শোনাতে চাই।'

'ছোট কিছু শোনাও, আমার তাড়া আছে।'

'তুমি যে এখনও বেঁচে আছ তার কারণ হলো, যে জায়গায় তোমার পৌঁছনোর কথা সেখানে তুমি এখনও পৌঁছওনি।' ভিখিরি বলে।

এক শিষ্য তার গুরুকে বলল:

'যা আমার ভাবা উচিত নয় তাই ভেবে, যা আমার চাওয়া উচিত নয় সেসব চেয়ে, যে পরিকল্পনা আমার করা উচিত নয় তাই করে আমি দিনের বেশির ভাগটা কাটিয়েছি।'

গুরু তাঁর শিষ্যকে কাছেই অবস্থিত অরণ্যে হাঁটতে যাবার আমন্ত্রণ জানালেন। যাবার পথে শিষ্যকে একটি নির্দিষ্ট গাছের দিকে দেখিয়ে তিনি জানতে চাইলেন সে সেই গাছটি চেনে কিনা।

'বেলেডোনা।' শিষ্য জবাব দিল। 'এই গাছের পাতা খেলে মৃত্যু পর্যন্ত হতে পারে।'

'কিন্তু তাকিয়ে দেখলে তো আর মৃত্যু হবে না।' গুরু বললেন। 'একই ভাবে, খারাপ চিন্তা তোমার কোনো ক্ষতিই করতে পারবে না যতক্ষণ না তুমি জীবনে সেসব প্রয়োগ করছ।'

এক সারি পাহাড় ফ্রান্স আর স্পেনকে আলাদা করে রেখেছে। পাহাড়গুলোর পাদদেশে আরজিলিস (Argeles) নামে একটা গ্রাম আছে। সেই গ্রামে আছে একটা টিলা যা কিনা সমতলে গিয়ে মিশেছে।

প্রতিদিন দ্বিপ্রহরে এক বুড়ো সেই পাহাড়ে ওঠে আর নামে।

পর্যটক যখন প্রথমবার গেছিলেন, তখন ঘটনাটা খেয়াল করেননি। দ্বিতীয়বার যাবার সময় লক্ষ্য করলেন, প্রতিবারই যাবার সময় ওই বুড়ো তাঁর নজরে আসছে। আর প্রতিবারই আরও নিখুঁত করে তিনি লক্ষ্য করছেন বুড়োর জামাকাপড়, টুপি, হাতের লাঠি, চশমা ইত্যাদি। এবার হলো কি, যখনি তিনি সেই গ্রামটাকে নিয়ে ভাবছেন, অবচেতনেই বুড়ো তাঁর মনে চলে আসছে।

একবারই মাত্র মজার ছলে পর্যটক জিগ্যেস করেছিলেন:

'ঘিরে থাকা এই পাহাড়গুলোতেই ভগবানের বাস বলে কি আপনি মনে করেন?'

'ভগবান,' বুড়ো বলে, 'মানুষ তাঁকে যেখানে থাকার অধিকার দেয়, তিনি সেখানেই থাকেন।'

গুরু তাঁর কিছু শিষ্যের সঙ্গে মিলিত হয়ে বললেন আগুনের একটি কুণ্ড তৈরি করে আগুন জ্বালাতে যাতে সবাই ঘিরে বসে কথা বলতে পারে।

'আধ্যাত্মিক পথটাও এই আগুনের মতো।' গুরু বললেন। 'প্রথম আগুন যে জ্বালিয়েছিল, ভয়ানক ধোঁয়ায় তার চোখ জ্বালা করেছে, ফুসফুসে সেই ধোঁয়া ঢুকে অস্বস্তিতে ফেলেছে। কারুর আত্মবিশ্বাস জাগিয়ে তোলার কাজও এরকমই। কিন্তু একবার আগুন জ্বলে গেলে, ধোঁয়া চলে যায়, চারিদিক আলোকিত হয়ে উঠে আমাদের উষ্ণতা আর আরাম দেয়।'

'আর যদি কেউ আমাদের হয়ে আগুন জ্বালিয়ে দেয়?' এক শিষ্য জিগ্যেস করে। 'কেউ যদি ধোঁয়া থেকে বাঁচতে আমাদের সাহায্য করে?' আর এক শিষ্য প্রশ্ন করে।

'কেউ যদি এমনটা করেন তবে তিনি খাঁটি গুরু নন। কারণ তিনি যেখানে ইচ্ছে সেই আগুন নিয়ে যেতে পারেন আবার যখন ইচ্ছে নিভিয়ে দিতে পারেন। এবং যেহেতু আগুন কী করে জ্বালাতে হয় তা তিনি কাউকে শেখাননি, খুব সহজেই তিনি সারা পৃথিবীকে অন্ধকারে রেখে দিতে পারেন।'

আমার বন্ধু ঠিক করল সে তার তিন সন্তানকে নিয়ে কানাডার দূরবর্তী এক গ্রামের ছোট খামারে গিয়ে বাকি জীবন কাটাবে।

নিজের জীবনকে পুরোপুরি আধ্যাত্মিক অনুশীলনে চালিত করবে।

এক বছরেরও কম সময়ে সে আবার প্রেমে পড়ে দ্বিতীয় বার বিয়ে করে। সাধুসন্তদের কাছে ধ্যানের পদ্ধতি শেখে। বাচ্চাদের স্কুলের হয়ে প্রচার করে। অনেকে তার বন্ধু হয়, কেউ কেউ শত্রুও হয়। দাঁতের অযত্ন করে, তার ফোঁড়া হয়, বরফঝড়ের মধ্যে ঘোড়সওয়ারি করে। গাড়ি সারানো শেখে, বরফ জমে যাওয়া জলের পাইপ পরিষ্কার করে। খোরপোশের টাকা মাসের শেষে তোলে, ঠান্ডা ঘরে শোয়ে, কোনোরকম সাহায্য নেয় না কারুর থেকে। অকারণে হাসে, হতাশায় কাঁদে, চ্যাপেল বানায়, সারা বাড়ি জুড়ে 'নিজে করো' পদ্ধতি খাটায়, দেওয়াল রঙ করে এবং আধ্যাত্মিকতার পাঠ দেয়।

'আমি বুঝলাম যে আধ্যাত্মিক অনুশীলন মানে নিজেকে সবার থেকে আলাদা করে কিছু করা নয়। সে বলল, 'ঈশ্বরের ভালোবাসা এতই প্রবল যে সকলের সঙ্গে তা ভাগ করে নেওয়া উচিত।'

গুরু তাঁর শিষ্যকে বললেন:

নিজের পথে যখন প্রথম চলতে শুরু করবে, তুমি একটা দরজা দেখতে পাবে যার গায়ে কিছু লেখা আছে। ফিরে এসে আমাকে বোলো, কী লেখা ছিল।

সেই দরজা খুঁজে পাবার জন্য শিষ্য প্রাণপাত পরিশ্রম করে অবশেষে পেল এবং গুরুর কাছে ফিরে এল।

'চলার পথে প্রথম যে দরজাটা পেলাম তাতে লেখা ছিল, "এ কাজটা অসম্ভব।" '

গুরু জানতে চাইলেন, 'কোথায় লেখা ছিল, দেওয়ালে না দরজায়?'

'দরজায়।' শিষ্য জানাল।

'বেশ, দরজার হাতল ধরে ঠেলে খোলো।'

শিষ্য গুরু আদেশ মানল। যেহেতু কথাগুলো দরজার গায়ে লেখা ছিল, দরজা নড়লে লেখাও নড়বে। যখন দরজা পুরোটা খুলে গেল, শিষ্য সেই লেখাগুলো আর দেখতেই পেল না, সে তার পথচলা বজায় রাখল।

গুরু বললেন:

চোখ বন্ধ করো। না, চোখ বন্ধ করারও প্রয়োজন নেই, কেবল কল্পনা করো— এক ঝাঁক পাখি উড়ে যাচ্ছে। ঠিক আছে? এবার বলো, ওই ঝাঁকে কতগুলো পাখি আছে, পাঁচটা, এগারোটা, সতেরোটা?

যা কিছুই তোমাদের জবাব হোক না কেন, তা কখনোই সঠিক হবে না। এই পরীক্ষা থেকে একটা সত্যি উঠে এলো— তোমরা পাখির একটা ঝাঁককে নির্ভুলভাবে কল্পনা করতে পারলেও, পাখির সংখ্যা বলা তোমাদের নাগালের বাইরে। তাহলে কীভাবে জানা যাবে কত পাখি আছে? এর উত্তর অন্যত্র আছে।

কে ঠিক করবে একটা ঝাঁকে এক সময়ে কত পাখি থাকবে?

যেই করুক, সেটা তুমি নও।

কোনো এক ব্যক্তি একজন সাধুর সঙ্গে দেখা করার জন্য উপাসনালয়ের খোঁজ করতে লাগল। বহু ঘোরাঘুরি করে, মরুভূমি পেরিয়ে শেষ অবধি সে এক সাধুর কাছে পৌঁছল।

'আমি জানতে চাই, ঈশ্বরকে পেতে গেলে প্রথমে আমাকে কী করতে হবে।'

সাধু লোকটিকে একটি ডোবার কাছে নিয়ে গিয়ে জলে নিজের মুখ দেখতে বললেন। লোকটি তাই করল। এরপর সাধু কিছু পাথরের টুকরো নিয়ে ক্রমাগত জলে ছুঁড়তে লাগলেন। স্বভাবতই জলে ছোট ছোট ঢেউ তৈরি হলো।

'আপনি যদি সমানে পাথর ফেলতে থাকেন তাহলে আমি নিজের মুখ পরিষ্কার দেখতে পাচ্ছি না তো।' লোকটি বলে।

'ঠিক যেমন অস্থির জলে নিজের প্রতিচ্ছবি দেখা সম্ভব হয়ে ওঠে না, তেমনই খুঁজে পাবার দিকে বেশি মনোযোগ থাকলে ঈশ্বরপ্রাপ্তি হয় না।' এটাই হলো প্রথম ধাপ।

পর্যটক যে সময় জেন (Zen) মতানুযায়ী ধ্যান করা অভ্যেস করছে, সে সময়কার এই ঘটনা। কোনো এক মুহূর্তে গুরুজি ঘরের কোণ থেকে একটা বেতের লাঠি নিয়ে এলেন।

কিছু ছাত্র যারা মন দিয়ে ধ্যান করছিল না, তারা হাত তুলল। গুরুজি তাদের প্রত্যেকের কাঁধে ওই লাঠি দিয়ে তিন বার করে আঘাত করলেন।

প্রাথমিকভাবে ব্যাপারটা মধ্যযুগীয় বর্বরতার সমতুল্য মনে হলেও পরবর্তীতে পর্যটক ভাবলেন, আধ্যাত্মিক বেদনাকে শারীরিক ব্যথার পর্যায় নিয়ে এলে তবেই ক্ষতির পরিমাণ বোঝা যাবে।

সান্টিয়াগো যাবার পথে এরকম আরও একটি শিক্ষা পর্যটক পেয়েছিলেন। সেটা হল, যখনই কোনো খারাপ চিন্তা মাথায় আসবে তখন তর্জনীর নখ বুড়ো আঙুলে চেপে ধরতে হবে।

খারাপ চিন্তার ক্ষতিকর প্রভাব বুঝতে প্রচুর সময় লেগে যায়। যখন সেই কুপ্রভাব আমাদের শারীরিক কষ্ট হয়ে দেখা দেয়, তখন আমরা বুঝি যে কত ক্ষতি হয়ে গেছে।

তখন আমরা এসব ভাবনা এড়িয়ে চলতে শুরু করি।

রিচার্ড ক্রাউলে নামক এক থেরাপিস্টের কাছে বত্রিশ বছর বয়সী এক যুবক গেল।

'বুড়ো আঙুল চোষার অভ্যেস কিছুতেই ছাড়তে পারছি না।' যুবকটি বলল।

'এ নিয়ে চিন্তার কিছু নেই।' ডক্টর ক্রাউলে বললেন। 'আপনি বরং সপ্তাহের প্রতিদিন একই আঙুল না চুষে অন্য অন্য আঙুল চোষার চেষ্টা করুন এবং তার হিসেব রাখুন।'

সেই সময়ে থেকে যুবকটি যখনই মুখে আঙুল দিতে যায়, চিন্তায় পড়ে যায়, আগে কোনটা চুষেছিল আর এখন কোনটি চুষবে। এই ডামাডোলের আবহে সপ্তাহ শেষ হবার আগেই তার সেই বদভ্যাস চলে গেল।

রিচার্ড ক্রাউলে বললেন, 'যখন কোনো বদভ্যাসের কবলে মানুষ পড়ে, তার থেকে বেরিয়ে আসা খুবই মুশকিল হয়। তখন যদি এটিকে চ্যালেঞ্জ হিসেবে গ্রহণ করে তাতে রূপান্তর আনা যায়, একেক দিন একেক রকম ভাবে তা অভ্যাস করা যায়, তাহলে সেই বাজে অভ্যাসের থেকে মুক্তি পাওয়া যেতে পারে। কারণ বাজে কাজে কেউই অত সময় ব্যয় করতে চাইবে না।'

প্রাচীন রোমে একদল ডাইনী, যাদের সিবিল (Sibyls) বলা হত, তারা রোমের ভবিষদ্বাণী করে ন'টি বই লিখেছিল। তারা সেই ন'টি বই রোমের সম্রাট টিবেরিয়াসের (Tiberius) কাছে নিয়ে গেল।

সম্রাট জানতে চাইলেন, 'বইগুলোর দাম কত?'

'একশো স্বর্ণমুদ্রা।' সিবিলরা উত্তর দিল।

বিরক্ত হয়ে সম্রাট তাদের ফেরত পাঠিয়ে দিলেন। সিবিলরা তিনটে বই পুড়িয়ে ফেলে আবার সম্রাটের কাছে ফেরত এল।

'এই ছ'টা বইয়ের দামও একশো স্বর্ণমুদ্রা।' তারা বলল।

টিবেরিয়াস হেসে ফেললেন এবং ওই দামে বই কিনতে সম্মত হলেন না। একই দামে যখন ন'টা বই পাচ্ছিলেন তখন ছ'টা কেন নেবেন?

সিবিলরা ফিরে গিয়ে আরও তিনটে বই পুড়িয়ে ফেলল এবং আবারও সম্রাটের কাছে ফিরে এল।

'এখনও এই বইগুলোর দাম একশো স্বর্ণমুদ্রাই আছে।' তারা বলল।

ইতিমধ্যে সম্রাট টিবেরিয়াসের কৌতূহল চূড়ান্ত পর্যায়ে পৌঁছে

গেছে। শেষ পর্যন্ত তিনি ওই দাম দিয়েই তিনটে বই সংগ্রহ করলেন এবং তাঁর রাজ্যের ভবিষ্যৎ সম্পর্কে যৎসামান্যই জানতে পারলেন।

গুরু বললেন:

সুযোগ সামনে এলে তা নিয়ে দরদাম করা উচিত নয়, বেঁচে থাকার পথে এটাও একটা শিক্ষা।

বিংশ শতাব্দীতে রুফুস জোন্স ছিলেন একজন ক্ষমতাশালী কোয়েকার (Quaker)। এই কথাগুলি তাঁরই বলা।

'ঈশ্বরপ্রাপ্তির জন্য নতুন করে কোনো ব্যাবেলের (Tower of Babel) স্তম্ভ বানানোর ইচ্ছে আমার নেই।

'ওই স্তম্ভগুলি জঘন্য; কোনোটা ইঁট আর সিমেন্টের তৈরি, কোনোটা পবিত্র পুঁথি দিয়ে বানানো। কিছু স্তম্ভ আবার প্রাচীন রীতি মেনে তৈরি, কোনোটা আবার ঈশ্বরের অস্তিত্ব প্রমাণ করতে বৈজ্ঞানিক পদ্ধতিতে বানানো।

'এই সমস্ত স্তম্ভে চড়লে ধরিত্রীর সামগ্রিক ছবি দেখা যেতে পারে কিন্তু কোনোভাবেই স্বর্গে পৌঁছনো যায় না।

'ভাষা এবং আবেগের সেই একই পুরনো বিভ্রান্তি।

'বিশ্বাস, ভালোবাসা, আনন্দ এবং প্রার্থনাই একমাত্র ঈশ্বরপ্রাপ্তির রাস্তা।'

ইহুদি শিক্ষকদের রাব্বি (Rabbi) বলা হয়। জার্মানিতে নাজি জমানায় এরকম দুজন রাব্বি সেখানকার ইহুদি সম্প্রদায়কে আধ্যাত্মিকভাবে স্বস্তি দিতে আপ্রাণ চেষ্টা চালিয়ে যাচ্ছিলেন। নিজেদের জীবনের ঝুঁকি নিয়ে দু বছর ধরে বিভিন্ন ইহুদি গোষ্ঠীর জন্য ধর্মীয় পরিষেবা দিয়ে যাচ্ছিলেন তাঁরা।

অবশেষে তাঁরা ধরা পড়লেন। কী হবে তাঁদের ভেবে ভেবে একজন রাব্বি সারাদিন ধরে প্রার্থনা করতে লাগলেন আর অপরজন সারাদিন ঘুমিয়ে কাটাতে লাগলেন।

'তুমি এত ঘুমোচ্ছ কেন?' ভীত রাব্বি জিগ্যেস করলেন।

'আমার শক্তি সংরক্ষণ করছি কারণ আমি জানি এটা কাজে লাগবে।' অন্যজন বললেন।

'তুমি কি ভীত নও? জানো না আমাদের সঙ্গে কী হতে পারে?'

'যতক্ষণ পর্যন্ত না ওরা আমাদের জেলে পুরেছে, ততক্ষণ অবধি আমি ভীত ছিলাম। এখন যখন আমি জেলে বন্দী, যা ঘটে গেছে তার জন্য ভয় পেয়ে আমার লাভ কী? ভয় পাওয়ার সময় চলে গেছে, এখন আশা করার সময়।'

গুরু বললেন:

'আমি চাই না।' এই কথাটার মধ্যে এক ধরনের রহস্য আছে।

কিছু জিনিস আছে যা আমাদের ভালো লাগে না তাই করতে চাই না। আবার কিছু জিনিস আছে যা করা বেশ ঝুঁকির তাই করতে চাই না।

উদাহরণ হিসেবে ধরা যেতে পারে; অচেনা কারুর সঙ্গে কথা বলা— সে সামনাসামনি কথা বলা হোক, খুব সামান্য কথা হোক কি অন্তর থেকে হোক, অচেনা মানুষের সঙ্গে আমরা কথা প্রায় বলিই না।

এবং আমাদের সব সময় মনে হয়, 'সেটাই ভালো।'

শেষে আমরা না জীবনকে কিছু দিই না জীবনের থেকে কিছু পাই।

অন্যদের থেকে দূরত্ব বজায় রেখে নিজেদের গুরুত্বপূর্ণ এবং আত্মবিশ্বাসী মনে হলেও আদতে আমাদের যে শক্তি চালিত করে তাকে আমরা কাজে লাগাতে পারি না। হতেও তো পারে যে অচেনা কোনো কারুর সঙ্গে কথা বলে সমস্যার সমাধান হয়ে গেল!

এক ক্ষমতাধর রাজার দরবারে এক সাধুর আমন্ত্রণ এলো।

রাজা বললেন, 'আপনার মতো এত অল্পে সন্তুষ্ট মানুষকে আমি ঈর্ষা করি।'

'আমিও আপনাকে ঈর্ষা করি ধর্মাবতার কারণ, আপনি আমার থেকেও অল্পে তুষ্ট।' সাধু জবাবে বললেন।

সাধুর কথায় অসন্তুষ্ট হয়ে রাজা বললেন, 'একথা আপনি কী করে বলছেন সাধুমহারাজ যখন এই সমগ্র রাজ্য আমার অধীন?'

'সংক্ষেপে বলতে গেলে, এই পৃথিবীর যত পাহাড় এবং নদী আছে, এই সূর্য, এই চাঁদ সব আমার। আমি এই দুনিয়ার গান শুনতে পাই কারণ আমার অন্তরে ঈশ্বরের বাস। অপর দিকে, এই রাজ্যটুকুই কেবল আপনার অধীন মাহামহিম।' সাধু বললেন।

একজন নাইট (Knight) তার সঙ্গী নাইটকে বলল, ‘চলো, আমরা পাহাড়ের চূড়ায় যাই যেখানে ভগবান থাকেন। আমি প্রমাণ করে দিতে চাই যে, তিনি *আমাদের* দিয়ে কেবল কাজই করান, নিজে কিছুই করেন না, বা আমাদের কাজ কমিয়েও দেন না।’

‘চলো, আমি আমার বিশ্বাস প্রদর্শন করতে ওখানে যাব।’ দ্বিতীয় নাইট বলল।

তারা যখন পাহাড় চূড়ায় পৌঁছল তখন রাত হয়ে গেছে। অন্ধকারে দৈববাণী হল:

‘ঘোড়ায় উঠে পড়ো কিন্তু যাবার আগে মাটিতে পড়ে থাকা পাথর নিতে ভুলো না।’

‘দেখলে তো? এতটা পথ আমরা কষ্ট করে এলাম আর এখন তিনি আরও ওজন বয়ে নিয়ে ফেরত যেতে বলছেন। আমি নেব না।’ প্রথম নাইট বলল।

দ্বিতীয় নাইট দৈববাণী অনুযায়ী মাটি থেকে পাথর তুলে নিল। পাহাড়ের পাদদেশে পৌঁছতে পৌঁছতে ভোর হয়ে এল। সূর্যের আলোর প্রথম রশ্মি এসে পড়ল অনুগত নাইটের আনা পাথরের ওপরে— হীরের দ্যুতিতে চারিদিক ঝলসে উঠল।

গুরু বললেন:

মাঝে মাঝে ঈশ্বরের সিদ্ধান্ত অদ্ভুত মনে হলেও তা আমাদের ভালোর জন্যই করেন।

গুরু বললেন:

প্রিয় বন্ধুরা, আমি তোমাদের কিছু খবর দিতে চাই যা তোমরা আগে শোনোনি। আমি ভেবেছিলাম চেষ্টা করব কথাটা খুব নরমভাবে, রঙচঙ চড়িয়ে, আশ্বাসে ভরিয়ে, ফুলিয়ে ফাঁপিয়ে, যতরকম গূঢ় তত্ত্ব আছে তা মিশিয়ে উপস্থাপন করতে, কিন্তু সেসব যদি থেকেও থাকে, তা এই খবরের উপযুক্ত নয়।

গভীর শ্বাস নিয়ে নিজেদের মনকে তৈরি করো। আমি খুব খোলামেলাভাবে কথাটা বলব এবং তোমাদের আশ্বাস দিতে পারি যে, কথাটা সর্বৈব সত্যি। এটি একটি অব্যর্থ ভবিষ্যদ্বাণী যেখানে ভুল হবার বিন্দুমাত্র অবকাশ নেই।

খবরটা হলো: তোমরা সবাই একদিন মারা যাবে।

সেটা তাড়াতাড়িও হতে পারে আবার পঞ্চাশ বছর বাদেও হতে পারে। তোমরা চাও বা না চাও, তোমাদের অন্য কোনো পরিকল্পনা থাক বা না থাক, মারা যেতেই হবে।

এবার খুব মন দিয়ে ভাব আজ কী করবে, কাল কী করবে এবং জীবনের বাকি দিনগুলো কীভাবে কাটাবে।

এক সাহেব ভূ-পর্যটক আফ্রিকার প্রধান কোনো এলাকায় পৌঁছনোর উদ্দেশ্যে কয়েকজন আফ্রিকার অধিবাসী মোটবাহক ভাড়া করে এবং তাদের বেশি বেশি টাকা দেয় যাতে তারা খুব তাড়াতাড়ি গন্তব্যে পৌঁছে দিতে পারে। বেশ কিছুদিন তারা সাহেবের আদেশ অনুসারে কাজ করে।

এক দুপুরে বিশ্রাম নেওয়ার সময়ে তারা তাদের বয়ে নিয়ে চলা মালপত্র পিঠ থেকে নামিয়ে ফেলে এবং যেতে অস্বীকার করে। যত টাকাই ভূপর্যটক তাদের দিয়ে থাকুন না কেন, তারা আর এক পাও নড়তে রাজি হয় না। কেন তারা এমনটা করছে সাহেব জানতে চাইলে, তিনি এই উত্তর পান:

'এতদিন আমরা এত দ্রুত হেঁটেছি যে নিজেরাই বুঝিনি আদৌ আমরা কী কাজ করছি। এখন আমাদের আত্মা এই অবধি না পৌঁছনো পর্যন্ত অপেক্ষা করতেই হবে।'

শিশু যীশুকে কোলে নিয়ে মাতা মেরি পৃথিবীর এক মনাস্ট্রিতে এলেন।

সাধু সন্তরা গর্বের সঙ্গে সারিবদ্ধভাবে মাকে তাঁদের শ্রদ্ধা জ্ঞাপন করতে লাগলেন। একজন কয়েকটি কবিতা আবৃত্তি করে শোনালেন, আর একজন বাইবেলের আলোকিত কিছু অংশ পাঠ করলেন, অন্য আর একজন বাইবেলে বর্ণিত সকল সাধুদের নাম বলে গেলেন।

সারির একেবারে শেষে একজন সাধু শ্রদ্ধাবনত হয়ে দাঁড়িয়ে ছিলেন যিনি মাকে শোনানোর মতো কিছুই জানতেন না।

খুব সাধারণ ঘরের সন্তান সেই সাধুর বাবা মা সার্কাসে কাজ করতেন। যখন সেই সাধুর পালা এলো, অন্যান্য সাধুবর্গ তাড়াতাড়ি শ্রদ্ধাজ্ঞাপনের এই অনুষ্ঠান শেষ করে দিতে উদ্যোগী হলেন পাছে ওই সাধুর কারণে মনাস্ট্রির বদনাম হয়ে যায়।

কিন্তু সেও মায়ের প্রতি তার ভালোবাসা প্রদর্শন করতে চায়। অন্যান্য সাধুভাইদের অনিচ্ছেভরা চোখের দিকে তাকিয়েও লজ্জিতভাবে

সে পকেট থেকে কয়েকটি কমলালেবু বের করে জাগলিঙের খেলা দেখাতে শুরু করে যা তার বাবা মায়ের কাছে শেখা।

একমাত্র তখনই শিশু যীশু হাততালি দিয়ে হেসে ওঠে এবং মাতা মেরি হাত বাড়িয়ে কয়েক মুহূর্তের জন্য যীশুকে তার কোলে দেন।

সর্ব সময় জীবনকে সামঞ্জস্যপূর্ণ ভাবে চালানোর চেষ্টা কোরো না। সন্ত পলের কথা অনুযায়ী: 'এই জগতের জ্ঞানীরা ঈশ্বরের চোখে মূর্খ।'

জীবনে সামঞ্জস্য মেনে চলা মানে তোমার টাই আর মোজা সব সময় একই রকম হতে হবে। আজকে যা তোমার মতামত, কালকেও তাই থাকবে। কিন্তু দুনিয়া নিশ্চিতভাবে প্রতিদিন বদলাচ্ছে।

নিজেকে নিজে প্রশ্ন করো, মাথা উঁচু করে, ঘাবড়ে না গিয়ে বদল আনো তোমার কথায়, তোমার জীবনে। যতক্ষণ না তুমি কারুর ক্ষতি করছ, ততক্ষণ ভয় পাওয়ার কোনো কারণ নেই।

নিজেকে বদলানোর অধিকার তোমার আছে। কে কী ভাবল, তাই নিয়ে কিছু এসে যায় না। কারণ, তাদেরও অধিকার আছে যা খুশি ভাববার।

সহজ হও, দেখো দুনিয়া এক পাক খেতে খেতে তুমি নিজেকে দেখে কতটা অবাক হয়ে যাচ্ছ। 'জ্ঞানীদের শিক্ষা দিতেই ঈশ্বর মূর্খদের বেছে নেন।' সন্ত পল বললেন।

গুরু বললেন:

আজ আমরা এমন কিছু করব যা খুব স্বাভাবিক নয়।

যেমন ধরো, আমরা কাজে যাবার সময়ে রাস্তা দিয়ে নাচতে নাচতে যাব। সম্পূর্ণ অপরিচিত কারুর চোখের দিকে তাকিয়ে তাকে ভালোবাসার কথা বলব। যা আমরা বিশ্বাস করি না তেমনি কিছু একটা, সে যত অদ্ভুতই হোক না কেন, উর্ধ্বতন কর্তৃপক্ষর কাছে পরামর্শ হিসেবে রাখব। অথবা এমন কোনো বাদ্যযন্ত্র কিনব যা আমরা চিরকাল বাজাতে চেয়েছি কিন্তু সাহস করিনি। যারা ভালো কিছু হবে বলে বিশ্বাস করে, এই দিনটা তাদের।

এমন কোনো পুরনো দুঃখ যা ভাবলে এখনো গলার কাছে দলা পাকিয়ে ওঠে, তার জন্য আজ আমরা কাঁদব। যাকে আর কখনো ফোন করব না বলে প্রতিজ্ঞা করেছিলাম তাকে ফোন করব (যার গলা শুনতে ভালো লাগে বলে তার করা ভয়েস মেল এখনো রাখা আছে)। প্রতিদিন

সকালে আমরা সারাদিনের কাজের যে চিত্রনাট্য বানাই, আজকের দিনটা তার ব্যতিক্রম হবে।

আজ, সমস্ত ভুল গ্রহণ করা হবে এবং ক্ষমা করা হবে। আজ আমাদের বেঁচে থাকার কথা মনে রেখে আপ্লুত হওয়ার দিন।

বিজ্ঞানী রজার পেনরোজ তাঁর এক বন্ধুর সঙ্গে কথা বলতে বলতে রাস্তা দিয়ে হাঁটছিলেন। রাস্তা পেরোতে হবে বলে দুজনেই চুপ করে গেলেন।

'রাস্তা পেরোবার সময় একটা অসাধারণ আইডিয়া আমার মাথায় এসেছিল।' পেনরোজ বললেন। 'কিন্তু যেইমাত্র আমরা রাস্তা পেরিয়ে এপারে পৌঁছে আবার কথা বলতে শুরু করেছি, কয়েক সেকেন্ড আগে মাথায় আসা সেই আইডিয়াটা আর মনে করতে পারছি না।'

সেইদিনই পরের দিকে পেনরোজের মনে অদ্ভুত একটা আনন্দের অনুভূতি হতে লাগল কিন্তু তিনি বুঝতে পারলেন না সেটা কেন হচ্ছে।

'বেশ গুরুত্বপূর্ণ কিছু একটার হদিশ আমি পেয়েছি বলেই মনে হচ্ছে।' বললেন পেনরোজ।

সারাদিন ধরে তিনি কি কি করেছেন সেসব মনে করতে লাগলেন। আর যখনই রাস্তা পেরোবার ঘটনার কথা মনে এলো, তক্ষুণি তাঁর সেই আইডিয়ার কথাও মনে পড়ে গেল। এইবার তিনি সেটা লিখে রাখলেন।

এটাই ছিল রজার পেনরোজের বিপ্লব ঘটিয়ে দেওয়া ব্ল্যাক হোলের যে অস্তিত্ব আছে, সেই থিয়োরি। রাস্তা পার হবার সময় আমরা সচেতন হয়ে চুপ করে যাই। পেনরোজ তাঁর এই আইডিয়াটা মনে করতে পেরেছিলেন কারণ তিনি সেই রাস্তা পেরোবার সময়কার নৈঃশব্দে ফিরে যেতে পেরেছিলেন।

অ্যান্থনি নামক এক সন্ত মরু অঞ্চলে বসবাস করতেন। একদিন এক যুবক তাঁর সঙ্গে দেখা করতে এল।

'গুরুজি, আমি আমার যাবতীয় জিনিসপত্র গরীবদের মধ্যে বিলিয়ে দিয়েছি। যৎসামান্য কিছু রেখেছি যা আমাকে এই মরু অঞ্চলে বাস করতে সাহায্য করবে। আপনি যদি আমাকে এই জীবন থেকে পরিত্রাণের পথ বলে দেন তো খুব ভালো হয়।'

সন্ত অ্যান্থনি যুবককে বললেন, যাকিছু সে নিজের জন্য রেখেছে তা বিক্রি করে সেই টাকা দিয়ে এক খণ্ড মাংস কিনতে। শহর থেকে ফেরার পথে সে যেন সেই মাংসখণ্ড শরীরের সঙ্গে বেঁধে নেয়।

যুবকটি সন্তের আদেশ মেনে মাংসখণ্ডটি শরীরে বেঁধে নিয়ে চলতে থাকে। সারা রাস্তা তাকে কুকুর, পাখি ঠোকরাতে থাকে ওই মাংসের জন্য।

'আমি এসেছি গুরুজি।' ছিন্ন বিচ্ছিন্ন পোশাকে, সার গায়ে আঁচড়ের দাগ নিয়ে যুবকটি এসে দাঁড়ায়।

'জীবনে নতুন পথে চলার জন্য যারা পা বাড়ায় কিন্তু সামান্য কিছু অতীত সঙ্গে রেখে দেয়, অতীত তাদের এভাবেই ছিঁড়েখুঁড়ে খায়।' সন্ত বললেন।

গুরু বললেন:

ঈশ্বর আজ তোমাকে যা দিয়েছেন তার সদ্ব্যবহার করো। কারণ তুমি তা জমিয়ে রাখতে পারবে না। এমন কোনো ব্যাংক নেই যেখানে এই উপহার জমা রাখা যায় পরে ব্যবহারের জন্য। তুমি যদি সেই আশীর্বাদ এখনই কাজে না লাগাও, তবে তা চিরকালের মতো হারিয়ে যাবে।

ঈশ্বর জানেন যে আমরা প্রত্যেকেই শিল্পী। কোনোদিন তিনি আমাদের খোদাই করার জন্য পাথর দেন, অন্যদিন ক্যানভাস আর তুলি দেন অথবা কখনও কলম দেন লেখার জন্য। কিন্তু যখন আঁকার সময় তখন পাথর কোনো কাজে লাগবে না, তেমনি ভাস্কর্য বানাতে সেই কলম কোনো কাজে আসবে না।

প্রত্যেক দিনেরই নিজস্ব দ্যুতি আছে, সেই আশীর্বাদ মাথা পেতে নিয়ে তুমি সেই দিনের চিত্র নির্মাণ করো।

পরের দিন তোমার কাছে আরও আশীর্বাদ এসে পৌঁছবে।

পিয়েদ্রা নদীর ধার ঘেঁষে সবুজে ঢাকা মঠটি যেন স্পেনের শুষ্ক চরাচরে এক মরুদ্যানের মতো। সেই খরস্রোতা ছোট নদীটি বেশ কিছু ধারায় বিভক্ত হয়ে ঝরনায় পরিণত হয়েছে।

ওপর থেকে সজোরে জল পড়ার ফলে যে জলতরঙ্গের ধ্বনি সৃষ্টি হয়, সেই গান শুনতে শুনতে পথ দিয়ে হেঁটে যাচ্ছিলেন পর্যটক। একটা ঝরনার নীচে হঠাৎই তিনি একটা গুহার মতো দেখতে পান। তিনি দেখেন সময়ের প্রলেপে এবং প্রকৃতির নিজস্ব কারিকুরিতে পাথরগুলো মসৃণ আকার ধারণ করেছে। একটা ফলকে কিছু লেখা আছে যা কিনা ভারতীয় কবি-দার্শনিক রবীন্দ্রনাথ ঠাকুরের কথা। তিনিই ছিলেন প্রথম ব্যক্তি যিনি ইউরোপীয় নন এবং গীতিকার হিসেবে প্রথম নোবেল পুরস্কারে ভূষিত।

'কোনো ভাস্করের হাতুড়ির ঘায়ে এই পাথরগুলো এমন চমৎকার রূপ নিয়েছে যে তা নয়, জল তার নমনীয়তা দিয়ে, নেচে গেয়ে এমন অসাধারণ ভাস্কর্য সৃষ্টি করেছে। কঠোরতা ধ্বংস করে, কোমলতা আকার দেয়।'

গুরু বললেন:

'সুখ' বিষয়টাকে অনেক মানুষ ভয় পায়। তারা মনে করে বেশি সুখ তাদের অভ্যেস বদলে দেবে ফলে তাদের নিজস্বতা হারিয়ে যাবে।

অনেক সময় আমাদের মনে হয় আমরা বুঝি ভালো কিছু পাওয়ার যোগ্য নই। আমাদের ভালো হলে ভাবি, আমরা বোধহয় ঈশ্বরের কাছে ঋণী হয়ে গেলাম।

আমাদের ভাবনা হল: 'সুখের পেয়ালায় চুমুক দেবার দরকার নেই। যখন সুখ থাকবে না, তখন কষ্ট আরও বেশি হবে।'

বেঁচে থাকার মান খর্ব হয়ে যাবার ভয়ে আমরা বেড়ে উঠতে চাই না। কান্নার ভয়ে ভীত হয়ে আমরা আর হাসি না।

সেটিস (Scetis) উপত্যকার এক মঠে এক ভিক্ষু আর এক ভিক্ষুকে অপমান করল। মঠাধ্যক্ষ সিসয়েস দ্বিতীয় ভিক্ষুকে অনুরোধ করলেন অপমানকারী ভিক্ষুকে ক্ষমা করে দিতে।

'কক্ষনো নয়।' অপমানিত ভিক্ষু বলল। 'ও যা করেছে তার শাস্তি ওকে পেতেই হবে।'

সেই মুহূর্তে মঠাধ্যক্ষ সিসয়েস দু হাত তুলে ভগবান যীশুর কাছে প্রার্থনা করতে শুরু করলেন:

'হে প্রভু, আপনার সহায়তা আর আমাদের প্রয়োজন নেই কারণ আমাদের অপমানকারীকে আমরা নিজেরাই শাস্তি দিতে পারব। নিজের হাতে আমরা বদলা নিতে পারব, ভালো এনং মন্দের ব্যাপারে সিদ্ধান্ত নিতে পারব। সুতরাং, যা হবে তা আমাদের ওপর ছেড়ে দিন, এসব নিয়ে আর আপনাকে চিন্তা করতে হবে না।'

এই প্রার্থনা শুনে দ্বিতীয় ভিক্ষু অত্যন্ত লজ্জা পেয়ে গেল এবং প্রথম ভিক্ষুকে ক্ষমা করে দিল।

'মহান গুরুজিরা বলে থাকেন, আধ্যাত্মিক জ্ঞান এমন এক বস্তু যা তোমাকে নিজেই খুঁজে নিতে হবে। তাহলে আমরা সকলে একজোট হয়েছি কেন?' এক শিষ্য প্রশ্ন করে।

'কারণ, একক গাছের তুলনায় অরণ্য বেশি শক্তিশালী।' উপস্থিত গুরু বলেন। অরণ্য জলীয় বাষ্প ধরে রাখে, মাটির উর্বরতা বৃদ্ধি করে, ঝড় ঝাপটা সহ্য করতে পারে। কিন্তু গাছকে শক্তিশালী করে কে? করে তার শেকড়। আবার এটাও ঠিক যে, একটা গাছের শেকড় অন্য আর একটা গাছকে বেড়ে উঠতে সাহায্য করে না।

'একই লক্ষ্য নিয়ে একত্রে চলা আবার প্রত্যেকে নিজেদের মতো করে বেড়ে ওঠাই হলো সেই পথ, যে পথ ধরে গেলে ঈশ্বরের সঙ্গে যোগাযোগ করা যায়।'

পর্যটকের যখন দশ বছর বয়েস, ওর মা ওকে শরীর শিক্ষা কেন্দ্রে পাঠালেন।

সেখানে অনেক ব্যায়ামের মধ্যে একটা ছিল, ব্রিজে উঠে লাফিয়ে জলে পড়া। বালকটি সব সময়ে সারির একেবারে পেছনে গিয়ে দাঁড়াত যাতে তার পালা আসতে দেরি হয়। অন্যদের লাফাতে দেখত আর ভয় পেত।

বিষয়টা লক্ষ্য করে একদিন ওর শিক্ষক, সারির একেবারে সামনে বালকটিকে দাঁড় করিয়ে দেন যাতে ওকে প্রথমেই লাফাতে হয়।

প্রচন্ড ভয় পেলেও ভাবনার সময় কম থাকায় ছেলেটি লাফায় এবং এতে তার ভয় কেটে যায়।

গুরু বললেন:

কিছুকিছু সময় যা হচ্ছে তা হতে দিতে হয়। যদিও বেশিরভাগই আমরা আস্তিন গুটিয়ে অভিনয় করতে লাগি। খারাপের থেকে খারাপ যা তুমি করতে পারো তা হল, মুহূর্তটাকে আসতেই দিও না।

সকালে বুদ্ধদেব শিষ্যদের সঙ্গে নিয়ে বসে আছেন, এমন সময়ে একটি লোক এসে তাঁকে জিগ্যেস করল:

'ঈশ্বর কি আছেন?'

বুদ্ধদেব উত্তর দিলেন, 'আছেন।'

দ্বিপ্রাহরিক খাওয়া হয়ে যাবার পর আর একজন এসে বুদ্ধকে জিগ্যেস করল:

'ঈশ্বর কি আছেন?'

'না, নেই।' বুদ্ধদেব উত্তর দিলেন।

বিকেলের দিকে তৃতীয় একজন এসে জানতে চাইল, 'ঈশ্বর কি আছেন?'

বুদ্ধ বললেন, 'সেটা তুমিই ঠিক করো।'

বুদ্ধের উত্তর শুনে একজন শিষ্য বলে উঠল, 'এটা কেমন হলো গুরুজি। একই প্রশ্নের আলাদা আলাদা উত্তর?'

'কারণ তারা আলাদা আলাদা মানুষ।' বুদ্ধদেব বললেন। 'প্রত্যেকেই নিজের মতো করে ভগবানের কাছে প্রার্থনা জানাবে। কেউ বিশ্বাসের সঙ্গে, কেউ দ্বিধা নিয়ে, কেউ বা অবিশ্বাসে।'

আমরা এমন জীব যারা সারাক্ষণ কাজ নিয়েই মেতে আছি। সিদ্ধান্ত নিচ্ছি, আয়োজন করছি, কার্যকরী করছি। সব সময়ই কিছু পরিকল্পনা করছি যা শেষ করছি অন্য কোনো বিষয় দিয়ে এবং তৃতীয় কিছু আবিষ্কার করে বসছি।

এতে ভুল কিছু নেই; এভাবেই তো পৃথিবীতে বদল এসেছে, পৃথিবী গড়ে উঠেছে। কিন্তু আধ্যাত্মিকতা, পুজো পাঠও তো এই কর্মকাণ্ডেরই অঙ্গ!

যে কোনো সময় কাজ থামিয়ে নিজের অন্তরাত্মাকে প্রাধান্য দিয়ে ব্রহ্মাণ্ডের সামনে শান্ত হয়ে দাঁড়াও।

দেহে এবং মনে মনে হাঁটু মুড়ে বোসো। কিছু না চেয়ে, কিছু না ভেবে, এমনকি, কৃতজ্ঞতাও না জানিয়ে শুধুমাত্র অনুভব করো কেমন করে এই ব্রহ্মাণ্ড ভালোবাসার মোড়কে আমাদের জড়িয়ে রেখেছে। এই মুহূর্তগুলোতে তোমার চোখ দিয়ে দু ফোঁটা জল গড়িয়ে পড়তে পারে। সে জল না আনন্দের, না দুঃখের।

অবাক হয়ো না। সে জল উপহার হিসেবে এসেছে তোমার কাছে, তোমার আত্মাকে পরিশুদ্ধ করতে হবে।

গুরু বললেন:

যদি কাঁদতেই হয় তবে শিশুর মতো কাঁদো।

এক সময় তুমি শিশু ছিলে। শিশুরা জীবনে প্রথম যা শেখে তা হল, কাঁদতে। কারণ এটাই বেঁচে থাকার অন্যতম প্রমাণ। ভুলে যেও না যে, তুমি একজন স্বাধীন মানুষ আর অনুভূতি প্রকাশ করায় কোনো লজ্জা নেই।

শব্দ করে ফুঁপিয়ে কাঁদো কিম্বা চিল্লাও, কারণ এভাবেই শিশুরা কাঁদে এবং ওরা এটাও জানে যে, এতেই আরাম পাবে মন।

খেয়াল করে দেখেছ কি, শিশুরা কীভাবে তাদের কান্না থামায়?

নতুন কোনো রোমাঞ্চের দিকে আকৃষ্ট হয় তারা, অমনোযোগী হয়ে কান্না থামিয়ে দেয়।

শিশুদের কান্না খুব দ্রুত থেমে যায়।

তোমাদের ক্ষেত্রেও সেটাই হওয়া উচিত কিন্তু তা হবে একমাত্র যদি শিশুদের মতো কাঁদতে পারো।

ফোর্ট লডারডেলে পর্যটক তার আইনজীবী বান্ধবীর সঙ্গে দুপুরের খাবার খাচ্ছিল। পাশের টেবিলের এক অতি উৎসাহী মাতাল তাদের সেই কথোপকথনের মাঝে ভীষণ ভাবে ঢুকে পড়তে চাইছিল। একটা সময় এসে, আইনজীবী তাদের নিজেদের মতো থাকতে দেবার অনুরোধ করল সেই মাতাল লোকটিকে। সে তখন বলল:

'কেন? অতিভদ্র মানুষ যেভাবে তার ভালোবাসার কথা বলে, আমি তার থেকেও ভালোভাবে বলেছি। এর জন্য আমি খুব খুশি এবং দুজন অচেনা মানুষের সঙ্গে সেই খুশি ভাগ করে নিতে চাই। এতে অন্যায় কী আছে?'

'এই মুহূর্তটা ঠিক তার উপযুক্ত নয়।' বান্ধবী বলল।

'আপনি কি বলতে চাইছেন যে, খুশি হবার সঠিক সময় হতে হয়?'

তারা তক্ষুণি তাকে নিজেদের টেবিলে ডেকে নিল।

গুরু বললেন:

নিজেদের শরীরের যত্ন নেওয়া অতি প্রয়োজন। এই শরীর হলো সেই মন্দির যা আমাদের পবিত্র আত্মাকে ধারণ করে আছে। সুতরাং শরীরের প্রতি যথাযোগ্য সম্মান এবং ভালোবাসা থাকা উচিত।

নিজেদের স্বপ্নকে সফল করতে মনোযোগ দিয়ে পরিশ্রম করতে হবে যাতে দুর্মূল্য সময় বিফলে না যায়।

কিন্তু আবার এটাও মনে রাখতে হবে যে, জীবন হলো ছোট ছোট আনন্দের সমষ্টি। জীবনযুদ্ধে এগিয়ে চলার পথে এই ছোট ছোট আনন্দগুলো উদ্দীপনা হিসেবে কাজ করে। একনাগাড়ে কাজের ক্লান্তিতে খানিক বিরাম দেয়।

আনন্দে থাকা কোনো পাপ নয়। মাঝেসাঝে খাওয়াদাওয়া, ঘুম ইত্যাদি নিয়ে নিয়ম ভাঙলে দোষের কিছু নেই।

একটু আধটু আজেবাজে কাজে সময় নষ্ট করে নিজেকে ধিক্কার দিও না। এগিয়ে চলার পথে যে প্রবল জীবনীশক্তির প্রয়োজন, এই ছোট ছোট আনন্দগুলো তারই রসদ যোগায়।

ঈশ্বরের কথা প্রচার করতে গুরুজি যে সময়ে বিশ্বব্যাপী ঘুরে বেড়াচ্ছেন সেই সময়ে তিনি শিষ্যদের নিয়ে যে বাড়িটায় থাকতেন সেটি আগুনে ভস্মীভূত হয়ে যায়।

'গুরুজি আমাদের বিশ্বাস করে বাড়িটার দায়িত্ব দিয়ে গেছিলেন, তার মর্যাদা আমরা রাখতে পারলাম না।' একজন শিষ্য বলল।

পুড়ে যাওয়া বাড়িটাকে তড়িঘড়ি তারা পুনর্নির্মাণ করতে শুরু করে দিল। এদিকে গুরুজি ফিরে এলেন সময়ের আগেই। যখন তিনি দেখলেন যে কাজ এগোচ্ছে, আনন্দসহকারে বললেন:

'আরে, নতুন বাড়ি! বিশ্বের সঙ্গে আমরাও এগোচ্ছি তার মানে!'

গুরুজির কথায় লজ্জা পেয়ে একজন শিষ্য আসলে কী ঘটেছিল সেটা বলল, তাদের থাকার জায়গাটা আগুনে পুড়ে ধ্বংস হয়ে গেছে।

গুরুজি বললেন, 'আমি কিছু বুঝলাম না। আমি দেখলাম যে সমস্ত মানুষ জীবনে বিশ্বাস করে, তারা নতুন করে বাঁচার মঞ্চ তৈরি করছে। যারা তাদের জীবনের একমাত্র রসদ হারিয়ে ফেলেছে তারা অন্যদের চেয়ে ভালো আছে, কারণ, এখন থেকে তারা কেবল লাভই করবে।'

নিউ ইয়র্ক শহরের একটি অভিজাত রেস্তোরাঁয় পিয়ানোবাদক আর্থার রুবিনস্টেইনের জন্য তাঁর বন্ধুরা অপেক্ষা করছেন। যথেষ্ট দেরি হয়ে যাচ্ছে বলে তাঁরা চিন্তাও করছেন। অবশেষে আর্থারের থেকে বছর তিরিশের ছোট সোনালি চুলের এক মহিলার হাতে হাত রেখে রেস্তোরাঁয় প্রবেশ করলেন আর্থার।

কৃপণতার জন্য সুবিদিত আর্থার রুবিনস্টেইন সেদিন সবথেকে দামী খাবারের অর্ডার দিলেন, সঙ্গে মহার্ঘ্য পানীয়। খাওয়া হয়ে গেলে মুখে স্মিত হাসি নিয়ে তিনি বিল মিটিয়ে দিলেন।

'আমি জানি তোমরা অবাক হয়েছ।' রুবিনস্টেইন বললেন। 'উইল নিতে আজ আমি উকিলের কাছে গেছিলাম। দেখলাম, আমার কন্যা এবং আত্মীয়স্বজনের জন্য মোটা টাকা আমি রেখেছি। বিভিন্ন সংস্থায় দান হিসেবে যথেষ্ট টাকা দেওয়া আছে। হঠাৎই আমার মনে হল, আমি ছাড়া এই উইলে সবাই আছে। সব টাকাই অন্যত্র চলে যাবে!

'আমি ঠিক করলাম, এখন থেকে নিজের জন্য আমি হাত খুলে খরচ করব।'

গুরু বললেন:

স্বপ্নকে সত্যি করতে চাইলে জানপ্রাণ লড়িয়ে দাও। 'না, আমি ঠিক এটা চাইনি,' বলে বেরিয়ে যাবার দরজা খোলা রেখো না। এই শব্দগুলোর ভেতরেই পরাজয়ের বীজ নিহিত আছে।

চলার পথে কখনো হোঁচট খাবে, কখনো মনে হবে এর থেকে ভালো করা যেতে পারত, তাও তোমার স্বপ্নকে আঁকড়ে থেকো। এখন যা পারছ, ভবিষ্যতে এর থেকে আরও ভালো পারবে— এই সত্যিটাকে মেনে নিতে হবে। কিন্তু যদি নিজের খামতিকে অগ্রাহ্য করো, কখনো উন্নতি করতে পারবে না।

সাহসের সঙ্গে যাত্রাপথে এগিয়ে চলো। কে কী বলল তাতে গুরুত্ব দিও না। সবথেকে গুরুত্বপূর্ণ হলো, আত্মসমালোচনা করে নিজেকে অথর্ব করে দিও না।

বিনিদ্র রাতে ঈশ্বর তোমার সহায় থাকবেন, তোমার গোপন কান্না তাঁর ভালোবাসা দিয়ে মুছিয়ে দেবেন।

ঈশ্বর সর্বদা সাহসীদের পাশে থাকেন।

ধর্ম প্রচারে বেরিয়েছেন গুরু তাঁর শিষ্যদের নিয়ে। সারাদিন ঘোরাঘুরি করার ফলে তারা খাবার বানাবার সময় পাননি। গুরু শিষ্যদের বললেন কিছু খাবারদাবার জোগাড় করে আনতে।

সন্ধের মুখে শিষ্যরা ফিরে এলো। চেয়েচিন্তে যতটুকু পাওয়া গেছে প্রত্যেকেই নিয়ে ফিরেছে। বাসি রুটি, পচে যাওয়া ফল, টকে যাওয়া পানীয় ইত্যাদি।

একজন শিষ্য এক ব্যাগ পাকা আপেল নিয়ে এসেছে।

'আমার গুরু এবং গুরুভাইদের জন্য যতটা করা সম্ভব, আমি সেই চেষ্টাই করি।' আপেল বিতরণ করতে করতে সেই শিষ্য বলল।

গুরু জানতে চাইলেন, 'তুমি এগুলি কোথা থেকে পেয়েছ?'

'আমি চুরি করতে বাধ্য হয়েছি। মানুষজনের কাছে চাইলে তারা কেবল পুরনো বাসি খাবারই দিচ্ছিল যদিও তারা জানে যে আমরা ধর্ম প্রচার করতে বেরিয়েছি।'

'বেশ। এবার তুমি তোমার আপেলসহ এখুনি বিদায় হও, আর কখনও ফিরে এসো না। যে আজ আমার *জন্য* চুরি করছে, সে কাল আমার *থেকে* চুরি করবে।' গুরু বললেন।

পৃথিবীতে এসে আমরা আমাদের স্বপ্ন এবং আদর্শের খোঁজ করতে থাকি। যা আমাদের হাতের কাছে থাকে তাকেই আমরা দূরবর্তী জায়গায় খুঁজে মরি। যখন ভুল বুঝতে পারি, তখন মনে হয় না জানি কত সময় নষ্ট করলাম। ভুল করার জন্য, অকারণ খোঁজার জন্য এবং ফলস্বরূপ দুঃখ পাওয়ার জন্য নিজেদের দোষারোপ করি।

গুরু বললেন:

যতক্ষণ দূরে না যাচ্ছ ততক্ষণ বুঝবে না যে সম্পদ তোমার ঘরেই আছে। প্রভু যীশুকে পিটার অগ্রাহ্য করে যন্ত্রণা পেয়েছিলেন বলেই তো তাঁকে গির্জার পিতা (Father of the Church) হিসেবে বেছে নেওয়া হয়েছিল। অমিতব্যয়ী ছেলেটি যদি সব ছেড়ে চলে না যেত, তাহলে তার ফিরে আসাকে তার বাবা লোক খাইয়ে উদযাপন করত না।

আমাদের জীবনের কোনো কোনো ক্ষেত্রে একটা ঢাকনা থাকে যার ওপর লেখা থাকে: 'হারিয়ে ফেলার পর খুঁজে পেলে পরেই তুমি আমার মূল্য অনুধাবন করতে পারবে।' এই যাত্রাপথটাকে ছোটো করে লাভ কিছু নেই।

প্রিয় শিষ্যর সঙ্গে দেখা হতে গুরু জানতে চাইলেন তার আধ্যাত্মিক পথচলা কেমন কাটছে। শিষ্য জানাল যে, সে তার দিনের প্রতিটা মুহূর্ত ঈশ্বরের সেবায় যাপন করছে।

'তাহলে তোমার কেবল শত্রুদের ক্ষমা করার কাজটাই বাকি রইল।'

শিষ্য অবাক হয়ে গুরুর দিকে ফিরে বলল, 'কিন্তু আমার তো তার প্রয়োজন নেই, আমি তো শত্রুদের প্রতি ক্রুদ্ধ নই।'

'তুমি কি মনে কর, ঈশ্বর তোমার ওপর ক্ষুব্ধ?' গুরু জিগ্যেস করলেন।

'কখনোই নয়।' শিষ্য জানাল।

'তাও তুমি তাঁর কাছে ক্ষমা প্রার্থনা করছ, করছ না কি? তোমার শত্রুদের ক্ষেত্রেও তাই কর, তাদের ঘৃণা করো বা নাই কর। ক্ষমার মাধ্যমে তুমি তোমার হৃদয়কে পরিশুদ্ধ এবং সুরভিত করতে পারবে।'

পাওলো কোয়েলহো

টুলনের অবরোধকালে মুহুর্মুহু ভয়ঙ্কর বোমাবর্ষণ দেখে কেঁপে কেঁপে উঠছিলেন যুবক নেপোলিয়ন।

একজন সৈনিক সেটা দেখতে পেয়ে তার কমরেডকে বলল, 'দেখুন উনি কেমন ভয় পেয়েছেন।'

'হ্যাঁ পেয়েছি। কিন্তু তাও আমি লড়াই চালিয়ে যাচ্ছি। তুমি যদি আমার অর্ধেক ভয়ও পেতে তাহলে বহুক্ষণ আগেই পালিয়ে যেতে।' নেপোলিয়ন বললেন।

গুরু বললেন:

ভয় কাপুরুষত্বের লক্ষণ নয়। যে কোনো পরিস্থিতিতে ভয়ই আমাদের সাহস এবং মর্যাদা সহকারে কাজ করতে সাহায্য করে। ভেতরে ভেতরে ভীতিভাব থাকলেও বাইরে নির্ভীকভাবে কাজ চালিয়ে নিয়ে যাওয়াই তো আসল সাহসের পরিচয়। যদি কেউ ভয়ঙ্কর পরিস্থিতির গুরুত্ব না বুঝে কাজে এগোয়, তাকে নেহাতই দায়িত্বজ্ঞানহীন বলা হয়।

সন্ত জনকে কেন্দ্র করে এক অনুষ্ঠানে অংশ নিলেন পর্যটক। সেখানে নানারকম ছোট ছোট দোকান বসেছে, পাওয়া যাচ্ছে বাড়ির তৈরি খাবার, ছররা বন্দুক দিয়ে বেলুন ফাটানোর মতো খেলা ইত্যাদি চলছে।

হঠাৎ করে একজন জোকার পর্যটকের হাবভাব নকল করতে শুরু করল। তাই দেখে সেখানে উপস্থিত লোকজন হাসতে শুরু করল, পর্যটক নিজেও হাসতে লাগলেন। শেষে পর্যটক জোকারকে ওঁর সঙ্গে চা খাবার আমন্ত্রণ জানালেন।

'নিজেকে জীবনের ছাঁচে ফেলে দেখো।' জোকার সাজা লোকটি বলল। 'যতক্ষণ বেঁচে আছ, তুমি হাত পা নাড়ছ, শব্দ করছ, হাসছ, কাঁদছ, মানুষের সঙ্গে কথা বলছ কারণ, জীবন হচ্ছে মৃত্যুর ঠিক বিপরীত। মৃত্যু মানে একই অবস্থায় চিরকাল থেকে যাওয়া। এখন যদি তুমি সেই অবস্থায় থাকো, তার মানে দাঁড়ায়, তুমি পুরোপুরি বেঁচে নেই।'

এক শক্তিশালী রাজার পিঠে ব্যথা। রাজা একজন যাজককে খবর দিলেন তাঁর ব্যথা সারিয়ে দেবার জন্য। সেই যাজকের সারিয়ে তোলার প্রক্রিয়া জানা ছিল।

'আমরা নিশ্চয়ই ঈশ্বরের সহযোগিতা পাব।' যাজক বললেন। 'তার আগে আমাদের ব্যথার কারণ বুঝতে হবে। স্বীকারোক্তি একমাত্র পথ যা আমাদের সমস্যার মোকাবিলাসহ আরও অনেক কিছু থেকে মুক্ত করে।'

যাজক রাজাকে তার জীবন সম্পর্কে প্রশ্ন করতে শুরু করলেন। রাজা হওয়ার কী কী অসুবিধে, তিনি তার প্রজাদের সঙ্গে কেমন ব্যবহার করেন ইত্যাদি।

রাজা এসব বিষয় নিয়ে বলতে গিয়ে বিরক্ত হয়ে বললেন:

'এসব নিয়ে আমি কথা বলতে চাই না। দয়া করে এমন কাউকে এনে দিন যিনি প্রশ্ন করা ছাড়াই আমাকে দারিয়ে তুলতে পারবেন।'

যাজক চলে গেলেন। আধ ঘন্টা বাদে একজনকে সঙ্গে নিয়ে ফিরে এলেন।

'আপনি যেমনটা চেয়েছিলেন আমি তেমন মানুষই নিয়ে এসেছি।' যাজক বললেন। 'আমার এই বন্ধু একজন পশুচিকিৎসক। উনি ওনার রোগীদের সঙ্গে কথা বলেন না।'

এক সকালে গুরু তাঁর এক শিষ্যকে নিয়ে পথে হাঁটছিলেন।

শিষ্য গুরুর কাছে বিশুদ্ধ খাবারের ব্যাপারে জানতে চাইছিল। গুরু যতই বোঝাচ্ছিলেন যে, সব খাবারই বিশুদ্ধ, শিষ্য কিছুতেই মানতে চাইছিল না।

'এমন খাবার নিশ্চয়ই আছে যা আমাদের ভগবানের কাছাকাছি নিয়ে যাবে।' শিষ্য প্রশ্ন করল।

'তুমি হয়তো ঠিকই বলছ। যেমন ওই মাশরুমগুলো।' গুরু বললেন।

শিষ্য উত্তেজিত হয়ে ভাবল, ও-ই মাশরুমই তাকে বিশুদ্ধতার মাধ্যমে ঈশ্বরের কাছাকাছি পৌঁছে দেবে। আহ্লাদিত হয়ে মাশরুমের আরও কাছে গিয়ে ভালো করে দেখে সে চিৎকার করে উঠল:

'আরে এই মাশরুমগুলো তো বিষাক্ত! এগুলো খেলে আমি এক ঘন্টার ভেতর মারা যেতাম!'

'খাদ্যের মধ্যে দিয়ে ঈশ্বরের কাছাকাছি পৌঁছনোর একমাত্র এই উপায়ই আমার জানা আছে বৎস।' গুরু বললেন।

১৯৮১ সালের শীতকালে পর্যটক আর তাঁর স্ত্রী প্রাগ শহরের রাস্তা দিয়ে হাঁটছিলেন। সেই সময় তারা দেখলেন, একজন যুবক বসে আশপাশের বাড়িঘরের ছবি আঁকছে। একটা ছবি পর্যটকের পছন্দ হওয়ায় তিনি সেটি কিনবেন বলে ঠিক করলেন।

টাকা দেবার সময়ে পর্যটক লক্ষ্য করলেন যুবকটির হাতে দস্তানা পরা নেই যদিও তাপমাত্রা ২৩ ডিগ্রি ফারেনহাইট।

'তুমি দস্তানা পরোনি কেন?' পর্যটক জিগ্যেস করলেন।

'পেন্সিল যাতে ঠিক করে ধরতে পারি।'

প্রাগ শহর নিয়ে তারা কিছু কথাবার্তা বলল। চিত্রকর যুবকটি বিনামূল্যে পর্যটকের স্ত্রীর পোর্ট্রেটে বানিয়ে দেবার ইচ্ছে প্রকাশ করল।

অপেক্ষারত পর্যটকের মনে হল, আশ্চর্য কিছু একটা ঘটনা ঘটে গেছে; তারা পাঁচ মিনিটের বেশি সময় ধরে কথা বলছে অথচ কেউ কারুর ভাষা জানে না।

অঙ্গভঙ্গি, মুখভঙ্গি আর হাসির মাধ্যমেই তাদের ভাবের আদানপ্রদান চলছে। কোনো কিছু ভাগ করে নেবার ইচ্ছে থাকলে শব্দহীন আলাপের দুনিয়াতে প্রবেশ করা যায় অনায়াসেই।

হাসামের এক বন্ধু তাকে সঙ্গে নিয়ে কোনো এক মসজিদের সামনে গেল। মসজিদের দরজার সামনে বসে ভিক্ষে করছিলেন এক অন্ধ ভিখারি।

'এই অন্ধ মানুষটিই এই দেশের সব চাইতে জ্ঞানী মানুষ।' হাসামের বন্ধু বলল।

'আপনি কতদিন যাবৎ অন্ধ?' হাসাম জিগ্যেস করল।

'আমি জন্মান্ধ।' তিনি উত্তর দিলেন।

'এত জ্ঞান আপনি কোথা থেকে পেলেন?'

'আমি জ্যোতির্বিজ্ঞানী হতে চেয়েছিলাম। মেনে নিতে পারিনি নিজের অন্ধত্বকে, কারণ চোখ না থাকলে মহাশূন্য দেখব কী করে! আমি তাই মনে মনে নিজের মতো করে এই ছায়াপথ, গ্রহ, নক্ষত্র, চাঁদ, সূর্য, সব কল্পনা করে নিয়েছি। এভাবেই আমি ঈশ্বরের সৃষ্টির কাছাকাছি পৌঁছতে পেরেছি এবং জ্ঞান আহরণ করেছি।'

ওলাইট হলো স্পেন দেশের এক মফসসল। সেখানকার একটি পানশালার বাইরে সেটির মালিক একটা বোর্ডে লিখে রেখেছেন:

'যখন সব প্রশ্নের উত্তর পেয়ে গেলাম, ওরা প্রশ্নগুলোই বদলে দিল।'

গুরু বললেন:

জীবনের মানে বুঝতে গিয়ে আমাদের মনে হয় সব প্রশ্নের জবাব তাড়াতাড়ি পাওয়া দরকার। জীবনের থেকে উত্তরপত্রকেই আমরা বেশি গুরুত্ব দিয়ে থাকি।

অনেক বেশি জরুরি হলো জীবনকে পুরোমাত্রায় উপভোগ করা এবং বাকি সব সময়ের হাতে ছেড়ে দেওয়া। সে ঠিক সময়মতো সব প্রশ্নের উত্তর দিয়ে দেবে। নিজেরা নাক গলিয়ে উত্তর খুঁজতে গিয়ে ঈশ্বরের পাঠানো বার্তা আমরা বুঝে উঠতে পারি না।

অস্ট্রেলিয়াতে এক জাদুকরকে নিয়ে একটা প্রচলিত গল্প আছে।

জাদুকর তার তিন বোনকে নিয়ে হাঁটতে বেরিয়েছেন। এমন সময় সেকালের এক সেরা যোদ্ধা এসে বলল, 'এই তিনজন সুন্দরীর মধ্যে একজনকে আমি বিয়ে করতে চাই।'

'তিনজনের ভেতর একজনের বিয়ে হয়ে গেলে বাকি দুজন দুঃখ পাবে। আমি এমন যোদ্ধা-প্রজাতির সন্ধান করছি যাদের তিনজন স্ত্রী রাখার অনুমতি আছে।' এই বলে জাদুকর বোনেদের নিয়ে সেখান থেকে চলে যান।

বছর ঘুরে যায় কিন্তু জাদুকর তেমন প্রজাতির সন্ধান পান না।

দিন পার হয়ে যায়, সবার বয়েস বাড়ে। এক বোন বলে, 'আমাদের মধ্যে একজন তো খুশি হতে পারত।'

জাদুকর বললেন, 'আমি ভুল করেছিলাম। এখন অনেক দেরি হয়ে গেছে।'

জাদুকর তার বোনেদের তিনটি পাথরের ঢিপিতে পরিণত করে দিলেন যাতে পথচলতি মানুষ সেগুলি দেখে অনুধাবন করতে পারে যে, একজনের খুশি অন্যজনের দুঃখের কারণ নাও হতে পারে।

আর্জেন্টিনার লেখক জর্জ লুই বর্জেসের সাক্ষাৎকার নিতে যাচ্ছেন সাংবাদিক ওয়াগনার কারেল্লি।

সাক্ষাতকারের শেষে তাঁরা আলোচনা করছিলেন সেই ভাষা নিয়ে যা শব্দের উর্ধ্বে এবং দুজন মানুষ পরস্পরের ভাষা না জানা সত্ত্বেও কীভাবে নিজের কথা বুঝতে পেরে যান।

'আমি একটা উদাহরণ দিচ্ছি।' বর্জেস বললেন।

তিনি এক অদ্ভুত ভাষায় কিছু বলতে লাগলেন। শেষ করে বর্জেস কারেল্লিকে জিগ্যেস করলেন তিনি বুঝতে পেরেছেন কী না।

কারেল্লি কিছু বলার আগেই চিত্র সাংবাদিক যিনি ছিলেন, তিনি বলে উঠলেন:

'এতো ঈশ্বরের প্রার্থনা।'

'একদম ঠিক।' বর্জেস বললেন। 'আমি ফিনল্যান্ডের ভাষায় বলছিলাম।'

একজন সার্কাসের ট্রেনার হাতিকে পোষ মানিয়ে বন্দী করে রাখার খুব সহজ একটা পন্থা আবিষ্কার করেছেন। হাতিটি যখন বাচ্চা অবস্থায় ছিল, তখন তিনি তার একটা পা বড় গাছের গুঁড়ির সঙ্গে বেঁধে রাখতেন।

যত চেষ্টাই করুক না কেন, বাচ্চা হাতি কিছুতেই নিজেকে সেই গাছের গুঁড়িটার থেকে ছাড়াতে পারত না। এরকম চলতে চলতে সে বুঝে গেল, গাছের গুঁড়ি তার থেকে অনেক বেশি শক্তিশালী।

হাতিটা যখন বড় হল তখন সে প্রবল শক্তিধর হয়ে উঠল। অথচ তখন তাকে সরু একটা ডালের সঙ্গে বেঁধে রাখতেন তার ট্রেনার। কারণ, হাতিটার মাথায় বসে গেছিল সেই ছোটবেলার স্মৃতি— কতবার চেষ্টা করেও যার থেকে সে নিজেকে মুক্ত করতে পারেনি। তাই এখন আর চেষ্টাই করে না।

আমাদের পা দুখানাও যেন তেমনি কোনো ভঙ্গুর জিনিসের সঙ্গে বাঁধা আছে যা আমরা ভেঙে নিজেদের মুক্ত করার চেষ্টাই করি না। কারণ, ছোটবেলায় চেষ্টা করে সফল হইনি বলে। আমরা একবারও ভেবে দেখি না, জেদ এবং সাহস করে এগোলেই আমরা বাধা কাটিয়ে মুক্ত হতে পারব।

পাওলো কোয়েলহো

কোনো ব্যক্তিকে ঈশ্বরের বর্ণনা করতে বলার অর্থই হয় না। ঈশ্বর সম্পর্কিত যত ভালো ভালো কথা সে জানে, সেগুলোই আওড়াবে। সে সমস্ত কথার কথা। ধরো, তুমি ভালোবাসার এনসাইক্লোপিডিয়া পড়ে ফেলেও বুঝলে না, কী করে একজনকে ভালোবাসতে হয়।

গুরু বললেন:

ঈশ্বর আছেন কি নেই, কেউই তা প্রমাণ করতে পারবে না। জীবনে কিছু জিনিস বর্ণনা করা যায় না, উপলব্ধি করতে হয়।

ভালোবাসা তার অন্যতম আর হলেন ঈশ্বর। ঈশ্বরই *হলেন* ভালোবাসা। প্রভু যীশুর কথা অনুযায়ী "ঈশ্বরের দুনিয়া শিশুদের জন্য নিবেদিত।" সেই অর্থে বিশ্বাস হলো এক অতীন্দ্রিয় শিশুসুলভ অভিজ্ঞতা।

ঈশ্বর কখনোই তোমার মস্তক দিয়ে প্রবেশ করবেন না। তিনি ব্যবহার করবেন তোমার হৃদয়ের দরজা।

সাধু জোয়াও পেকুইনো (Joao Pequeno) সম্বন্ধে বলতে গিয়ে মঠের অধ্যক্ষ বললেন, তিনি এত বেশি প্রার্থনা করেছেন যে, তাঁর জীবনে আর কোনো আকাঙ্ক্ষা নেই। তিনি সমস্ত চাহিদার উর্ধ্বে উঠে গেছেন।

মঠাধ্যক্ষর এই কথা সেই মঠের একজন বুদ্ধিমান সাধুর কানে পৌঁছল। তিনি সমস্ত ভিক্ষু ছাত্রদের রাতের খাবারের পর তাঁর কাছে আসতে নির্দেশ দিলেন।

'তোমরা হয়তো শুনে থাকবে যে সাধু জোয়াও-এর জীবনে আর কোনো আকাঙ্ক্ষা অবশিষ্ট নেই।' ছাত্রদের উদ্দেশ্যে তিনি বললেন। 'কোনো কিছুর আকাঙ্ক্ষা না থাকলে তুমি পরিশ্রম করবে না। আর তাতে তোমার আত্মা দুর্বল হয়ে পড়বে। আমরা বরং সর্বশক্তিমানের কাছে প্রার্থনা করি যাতে তিনি সাধু জোয়াওকে জোরালো কোনো আকাঙ্ক্ষা প্রদান করেন। সেটা যদি তিনি পার করে ফেলতে পারেন তখন যেন তাঁকে পরের পর আকাঙ্ক্ষা প্রদান করেই যান। আমরা প্রার্থনা করি, তিনি যেন না বলেন, "প্রভু, এই দৈত্যগুলোকে আমার জীবন থেকে সরিয়ে দিন।" বরং আমরা প্রার্থনা করি, সাধু জোয়াও যেন বলেন, "প্রভু, আমাকে এই শয়তানগুলোর সঙ্গে যুঝবার শক্তি দিন।" '

দিন এবং রাতের সন্ধিক্ষণ, যে সময় কোনো কিছুই স্পষ্ট দেখা যায় না, তাকে আমরা গোধূলি বলি। বহু আধ্যাত্মিক ঐতিহ্য মতে এই সময়কে পবিত্র বলে বর্ণনা করা হয়েছে।

ক্যাথলিক ধর্মাবলম্বীদের মতে সন্ধ্যে ছটার সময়ে 'এভ মারিয়া' (Ave Maria) বলা উচিত। কেচুয়া (Quechua) মতানুসারীরা বলেন, যদি দুপুর থেকে কোনো বন্ধুর সঙ্গে থাকতে থাকতে সন্ধ্যে হয়ে যায়, তাহলে আবার নতুন করে 'শুভ সন্ধ্যে' বলতে হবে।

গোধূলিকালে সমস্ত গ্রহগুলো এবং মানবকুলের মধ্যে যে ভারসাম্য, তা পরীক্ষার সম্মুখীন হয়। ঈশ্বর আলোর সঙ্গে আঁধার মিশ্রিত করে দেখতে চান, এই অবস্থাতেও পৃথিবীর ঘোরার সাহস আছে কি নেই।

পৃথিবী যদি অন্ধকারকে ভয় না পেয়ে ঘুরতে থাকে, তখন ধীরে ধীরে রাত কেটে গিয়ে নতুন সূর্যের উদয় হয়।

জার্মান দার্শনিক আর্থার শোপেনহর (Arthur Schopenhauer) চিন্তিতভাবে ড্রেসডেনের রাস্তা দিয়ে হাঁটছেন। কিছু প্রশ্ন তাঁকে বিচলিত করছে যেগুলির উত্তর তিনি পাচ্ছেন না। হঠাৎই সামনে একটা বাগান দেখতে পেয়ে তিনি ঢুকে পড়েন এবং ঠিক করেন ফুলের সঙ্গে চিন্তার আদানপ্রদান করবেন।

কাছাকাছি থাকা একজন ব্যক্তি তাঁর ওই অদ্ভুত ব্যবহার দেখে পুলিশকে খবর দেয়। কিছুক্ষণের মধ্যেই একজন পুলিশ অফিসার এসে শোপেনহরকে জিগ্যেস করে,

'কে আপনি?'

শোপেনহর অফিসারের আগাপাশতলা দেখে নিয়ে বলেন, 'আপনি যদি আমার প্রশ্নগুলোর উত্তর দিতে পারেন তো আপনার কাছে চিরকৃতজ্ঞ থাকব।'

জ্ঞানের খোঁজে এক ব্যক্তি পাহাড়ে যাবার সিদ্ধান্ত নেয়। কারণ সে শুনেছে, দুবছরে একবার ভগবান সেখানে আসেন।

প্রকৃতিতে যা যা খাবার জিনিস পাওয়া যায় প্রথম বছর সেই ব্যক্তি সে সমস্ত খেয়েছে। তারপর খাবার ফুরিয়ে যেতে সে শহরে ফিরে যেতে বাধ্য হয়।

'ভগবানের এ ভারি অন্যায়! তাঁর কথা শোনার জন্য যে আমি সেখানে অপেক্ষা করছিলাম সেটা কি তিনি দেখেননি?' লোকটি চেঁচিয়ে বলল। 'তাঁর কথা না শুনেই আমাকে শহরে ফিরতে হল কারণ আমি ক্ষুধার্ত।'

ঠিক সেই সময় একজন দেবদূতের আবির্ভাব হল।

তিনি বললেন, 'ভগবান তোমার সঙ্গে কথা বলতে যথেষ্ট আগ্রহী ছিলেন। তিনি তোমাকে এক বছরের খাদ্য জুগিয়েছেন এই আশায় যে, পরবর্তী বছরের জন্য তুমি কিছু উৎপাদন করবে। কিন্তু তুমি কি করেছ? কিছুই করনি। একজন মানুষ যেখানে বসবাস করে সেখানে যদি সে খাবারের ব্যবস্থা না করতে পারে, তাহলে সে ভগবানের সঙ্গে কথা বলার জন্য তৈরি নয়।'

আমরা ভাবি, কী ধরনের দাসত্ব আমরা করব সেটা বেছে নেওয়াটাই হলো স্বাধীনতা। আমি আট ঘন্টা কাজ করি। যদি আমার পদোন্নতি হয় তবে বারো ঘন্টা কাজ করব। আমি বিয়ে করেছি তাই আমার নিজের জন্য কোনো সময় নেই। আমি ভগবানের খোঁজ করেছি, তার মানে আমি এখন প্রার্থনাসভা, দানধ্যান করার অনুমতি পেয়ে গেছি। জীবনে যা কিছু গুরুত্বপূর্ণ— কাজের জায়গা, ভালোবাসার জায়গা, বিশ্বাসের জায়গা— শেষমেশ ভারি বোঝা হয়ে দাঁড়ায়।

গুরু বললেন:

স্বাধীনভাবে ভালোবেসে যে কাজ আমরা করি, সেই কাজই একমাত্র বাঁচার পথ দেখায়।

ভালোবাসা যদি না থাকে তাহলে সেখানেই থেমে যেতে পারে সেই কাজ। প্রভু যীশু বলেছেন, 'যদি তোমার চোখ পাপ করে তবে তাকে উপড়ে ফেলে তোমার কাছ থেকে দূর করে দাও। দুচোখ নিয়ে নরক ভোগ করার থেকে এক চোখ নিয়ে জীবনে চলা ভালো।'

কথাগুলো শুনতে খারাপ কিন্তু এটাই সত্যি।

এক বছর ধরে সপ্তাহে মাত্র একদিন খেয়ে উপবাস করলেন এক সাধু। এই অসাধ্য সাধনের পর বাইবেলে বর্ণিত একটা বিশেষ অংশের আসল অর্থ ঈশ্বরের কাছে জানতে চাইলেন তিনি।

কোনো উত্তর তিনি পেলেন না।

'এত আত্মত্যাগ করলাম তবু ঈশ্বরের জবাব পেলাম না। সময়ের অপব্যয় করলাম শুধুশুধু। আমি বরং অন্যত্র গিয়ে কোনো ভালো সন্ন্যাসীর খোঁজ করি যিনি আমাকে ওই বিশেষ অংশের অর্থ বুঝিয়ে দিতে পারবেন।

ঠিক সেই সময়ে দেবদূত এসে উপস্থিত হলেন।

'বারো মাসের উপবাস তোমার মনে বিশ্বাস জাগিয়েছে যে তুমি অন্য অনেকের চেয়ে আলাদা কারণ যার তার কথা ঈশ্বর শোনেন না। যেই মুহূর্তে তুমি বিনয়ী হয়েছ এবং অন্য কারুর কাছ থেকে জেনে নেবার আগ্রহ প্রকাশ করেছ, সেই মুহূর্তে ঈশ্বর আমাকে পাঠিয়েছেন।

দেবদূত এরপর সাধু যা জানতে চেয়েছিলেন তা বুঝিয়ে দিলেন।

গুরু বললেন:

কিছু কিছু শব্দের প্রতি যদি মনোযোগ দাও তবে তাদের গূঢ় অর্থ বেরিয়ে আসবে।

যেমন ধরো, 'প্রিঅকুপেশন' শব্দটা। এটাকে দুভাগে ভাগ করো। 'প্রি' এবং 'অকুপেশন'। এর মানে হলো, কোনো ঘটনা ঘটার আগেই তার জন্য দুশ্চিন্তা তোমার মনকে আচ্ছন্ন করে রাখছে।

সমগ্র বিশ্বে এমন কে আছে যে, কোনো কিছু ঘটার আগেই তা নিয়ে চিন্তিত থাকে?

আগে থেকে মনকে আচ্ছন্ন করে রাখে এমন চিন্তাকে হঠিয়ে দাও। নিজের লক্ষ্যে অবিচল থেকে সেই পথে চলো। তোমাকে যে আলোর তরবারি দেওয়া হয়েছে, তাকে জাগ্রত করার জন্য যা কিছু জানার প্রয়োজন, শেখার প্রয়োজন, তুমি শেখো।

তোমার শিক্ষক, বন্ধু বা শত্রু কীভাবে লড়াই করছে সেটা দেখো।

নিজেকে শক্ত করে তৈরি করো। কিন্তু তোমার প্রতিপক্ষের পরের চাল কী হবে সেটা তুমি জানো, ভেবে নেবার মতো চরম ভুলটি কোরো না।

আজ শুক্রবার। তুমি অফিস থেকে ফিরে খবরের কাগজ হাতে তুলে নিলে কারণ সারা সপ্তাহ সেগুলো পড়ার সময় পাওনি। টিভি চালিয়ে দিলে শব্দ বন্ধ রেখে। ওদিকে মিউজিক প্লেয়ারে সিডি চালিয়ে দিলে। এদিকে গান বাজতে লাগল, তুমি রিমোট কন্ট্রোল হাতে নিয়ে একটার পর একটা চ্যানেল বদলাতে লাগলে সঙ্গে খবরের কাগজের পাতা ওল্টাতে থাকলে।

খবরের কাগজ তোমাকে নতুন কোনো খবর দেবে না, টিভিতেও একই জিনিস বারবার দেখাতে থাকবে আর যে গান বাজছে, তা তুমি অসংখ্য বার শুনেছ।

তোমার স্ত্রী বাচ্চাদের দেখাশোনা করছে, সংসার সামলাচ্ছে। তার যৌবনের অনেকখানি সে এইভাবে কাটিয়ে দিয়েছে, কেন তা না জেনেই।

তোমার মাথায় একটা বাহানা কাজ করল: 'জীবন এইরকমই।' না, জীবন এরকম নয়। জীবন মানে উদ্দীপনা। তোমার উদ্দীপনাকে কোথায় লুকিয়ে রেখেছ, খোঁজো। অনেক দেরি হয়ে যাবার আগেই তোমার স্ত্রী এবং বাচ্চাদের নিয়ে আনন্দ করো। কারুর স্বপ্ন সফল করতে ভালোবাসা কখনো অন্তরায় হয়ে দাঁড়ায় না।

খ্রিস্টমাসের আগের রাতে গ্রামের একমাত্র রেস্তোরাঁয় বসে পর্যটক এবং তাঁর স্ত্রী শেষ হতে চলা বছরটা কেমন কাটল, তার পর্যালোচনা করছিলেন।

রাতের খাবার খেতে খেতে পর্যটক কোনো একটা বিষয় বছরটাতে তাঁর মনোমতো হয়নি বলে নালিশ করছিলেন।

সেই রেস্তোরাঁয় একটা সুন্দর করে সাজানো খ্রিস্টমাস ট্রি রাখা ছিল। পর্যটকের স্ত্রী সেটির দিকে তাকিয়ে ছিলেন। পর্যটক বুঝলেন, তাঁর স্ত্রী আলোচনার বিষয়টাতে আগ্রহী নন এবং সে কারণে তিনি প্রসঙ্গ পালটে ফেললেন।

'চমৎকার আলো দিয়ে সাজানো।'

'হ্যাঁ।' তাঁর স্ত্রী বললেন। 'কিন্তু তুমি যদি ভালো করে লক্ষ্য করো তাহলে দেখবে অসংখ্য আলোর মাঝে একটা ছোট আলো জ্বলছে না। চলে যেতে বসা বছরে এমন অসংখ্য জ্বলা আলোগুলো না দেখে তুমি একটা নিভে যাওয়া আলোর দিকে মনোযোগ দিচ্ছ।'

‘একজন অত্যন্ত সাধুপুরুষ রাস্তা দিয়ে হেঁটে যাচ্ছেন দেখতে পাচ্ছ?’ এক শয়তান আর এক শয়তানকে বলল। ‘আমি তাঁর আত্মাকে জিতে নিতে যাচ্ছি।’

‘উনি তোমার কথা শুনবেন না কারণ, একমাত্র আধ্যাত্মিক বিষয়েই ওঁর আকর্ষণ।’ সঙ্গী শয়তান বলল।

চতুর শয়তান সাধু গেব্রিয়েলের ভেক ধরে রাস্তা দিয়ে চলতে থাকা সাধুপুরুষের সামনে গিয়ে দাঁড়াল।

‘আমি আপনাকে সাহায্য করতে এসেছি।’ শয়তান বলল।

‘আমার মনে হয় আপনি অন্য কারুর সঙ্গে আমাকে গুলিয়ে ফেলেছেন।’ সাধুপুরুষ বললেন। ‘আমি জীবনে এমন কোনো কাজ করিনি যাতে দেবদূতের দেখা পেতে পারি।’

এই বলে তিনি নিজের মতো হাঁটতে লাগলেন। অজান্তেই তিনি বড় বিপদ থেকে রক্ষা পেয়ে গেলেন।

ব্রডওয়েতে শো দেখতে গেছেন সাংবাদিক অ্যাঞ্জেলা পন্টুয়াল। মধ্যাহ্ন বিরতিতে তিনি হুইস্কি খেতে বারে গেলেন। জায়গাটা মানুষে ঠাসাঠাসি। গল্প, সিগারেট, মদ— যার যার ইচ্ছামতো চলছে।

একজন পিয়ানোবাদক বাজিয়ে চলেছে কিন্তু কেউ শুনছে না। পন্টুয়াল হুইস্কিতে চুমুক দিচ্ছেন আর শুনছেন। অবসন্ন পিয়ানোবাদক অনিচ্ছাসত্ত্বেও বাজিয়ে চলেছে সেই একই একঘেয়ে সুর কারণ এর জন্যই সে টাকা পায়। আর অপেক্ষা করছে কখন বিরতি শেষ হবে।

তৃতীয় বার হুইস্কি পানপর্বের মাঝেই সামান্য টলোমলো পায়ে পিয়ানোবাদকের দিকে এগিয়ে গেলেন অ্যাঞ্জেলা। চিৎকার করে বললেন:

'তুমি বোকা না কী? যা বাজাতে চাইছ সেটাই বাজাও না!'

পিয়ানোবাদক কিছুটা অবাক হয়ে তাকিয়ে থেকে আচমকাই তার পছন্দের সুর বাজাতে শুরু করল। সঙ্গে সঙ্গে নিরবচ্ছিন্ন নীরবতা নেমে এল সেখানে। যখন বাজনা শেষ হলো, তুমুল হাততালিতে পিয়ানোবাদককে অভিবাদন জানালো জনতা।

আসিসি (Assisi) হলো ইতালির এক শহরতলী। সেন্ট ফ্রান্সিস সেখানকার বেশ জনপ্রিয় এক যুবক। এক সময় সে ঠিক করল, সবকিছু ছেড়েছুড়ে তার কাজ শুরু করবে। এই শহরতলীর আর এক সুন্দরী সেন্ট ক্লেয়ার, সে সতী থাকার শপথ নিল। সেন্ট রেমন ল্লাল ছিলেন সে সময়ের একজন বুদ্ধিজীবী যিনি নিজেকে দুনিয়া থেকে বিচ্ছিন্ন করে নিলেন।

আধ্যাত্মিক খোঁজ হলো এক ধরনের চ্যালেঞ্জ। নিজের সমস্যা থেকে পালাতে কেউ যদি এই শক্তি ব্যবহার করে, তবে সে বেশিদূর যেতে পারবে না।

বান্ধবহীন কোনো মানুষের নিজেকে বিচ্ছিন্ন করে নেবার কোনো মানে হয় না। নিজের পেট ভরাবার ব্যবস্থা না করতে পেরে গরিবিয়ানা দেখানোর কোনো মানে হয় না। কাপুরুষ হয়ে বিনয় দেখাবারও কোনো মানে হয় না।

আমার 'আছে' একটা ব্যাপার আবার সেই থাকাটা দেখানো আর একটা ব্যাপার। না থাকাটা সম্পূর্ণ আলাদা ব্যপার আবার যাদের আছে, তাদের নিন্দেমন্দ করা আর এক ব্যাপার।

একজন নপুংসক মানুষের পক্ষে সতীত্ব নিয়ে জ্ঞান দেওয়া খুবই সহজ, কিন্তু এর দাম কতটুকু?

গুরু বললেন:

পৃথিবীতে থাকাকালীন নিজেকে জয় করতে শেখো। ঈশ্বরের সৃষ্টির প্রশংসা কর।

কঠিন হওয়া কত সহজ। তোমাকে যা করতে হবে তা হল, মানুষকে এড়িয়ে চলা। এটুকু করতে পারলেই তুমি যন্ত্রণা থেকে মুক্তি পাবে, হতাশা তোমাকে গ্রাস করবে না, তোমার স্বপ্ন চুরমার হবে না। প্রেমে পড়ার ঝুঁকিও নেওয়া যাবে না।

কঠিন হওয়া কত সহজ। প্রয়োজনীয় ফোনগুলো করতে হবে না, তোমার সাহায্য চেয়ে আসা ফোনগুলো ধরতে হবে না, যে সমস্ত দানধ্যানের কাজ করবে বলে ভেবেছিলে, সেগুলোও স্থগিত থাকবে।

কঠিক হওয়া কত সহজ। তোমাকে দেখাতে হবে যে তুমি হাতির দাঁতের তৈরি প্রাসাদে থাকো এবং জীবনে কখনো এক ফোঁটাও চোখের জল ফেলনি। বাকি জীবনটা কাটানোর মতো যথেষ্ট কারণ তোমার হাতে রইল।

কঠিন হওয়া কত সহজ। কেবলমাত্র জীবনের সেরা জিনিসগুলোকে তোমার জীবন থেকে ছেঁটে ফেলতে হবে।

রুগী তার ডাক্তারকে বলল:

'ডাক্তারবাবু, ভয় আমার জীবনকে এমনভাবে ছেয়ে রয়েছে যে বেঁচে থাকা উপভোগই করতে পারছি না।'

ডাক্তারবাবু বললেন:

'আমার চেম্বারে একটা ইঁদুর আছে যে আমার সমস্ত বই কুচিকুচি করে কেটে দিচ্ছে। ইঁদুরটাকে তাড়াতে আমি যদি কিছু ব্যবস্থা নিই তাহলে সে লুকিয়ে পড়বে। তাকে খুঁজতে আমার বিস্তর সময় নষ্ট হবে। তাই আমি কী করলাম, সমস্ত গুরুত্বপূর্ণ বইগুলো অন্য জায়গায় সরিয়ে দিলাম, অপ্রয়োজনীয় বইগুলো রেখে দিলাম ইঁদুরটার কাটার জন্য। এভাবেই সে দানব না হয়ে ইঁদুরই রয়ে গেল। কোনো একটা বিষয়কে ভয়ের জন্য বেছে নাও এবং তাতেই লক্ষ্য স্থির রাখো যাতে করে তুমি বাকি বিষয়গুলো সম্পর্কে নির্ভয়ে থাকতে পারো।

গুরু বললেন:

ভালোবাসা পাওয়ার থেকে কাউকে ভালোবাসা সহজ।

অন্যের সাহায্য নিতে আমাদের অসুবিধে হয়। নিজেদের স্বাধীনতা জাহির করা মানে কাউকে না কাউকে আমাদের প্রতি তার ভালোবাসা প্রদর্শনে বাধা দেওয়া।

অনেক অভিভাবক আছেন যাঁরা সন্তানদের যথেষ্ট ভালোবাসা, যত্ন দিয়ে মানুষ করেছেন। কিন্তু তাঁরা যখন বৃদ্ধ হন তখন সন্তানদের তাঁদের সেবা করার সুযোগ দিতে চান না। স্বামী স্ত্রীর মধ্যে কোনো একজন যদি ভাগ্যের পরিহাসে অকেজো হয়ে পড়েন, তখন অন্যজনের ওপর তাঁকে নির্ভর করতেই হয়। সেই বিষয়টা অনেকের কাছেই লজ্জার কারণ হয়ে দাঁড়ায়। ভালোবাসার ফল্গুধারায় বাধা পড়ে যায়।

আমাদের আশেপাশে যারা আছেন তারা যদি সাহায্যের হাত বাড়ান, সেই হাত আমাদের ধরা উচিত।

যদি অন্যদের এই ভালোবাসাকে বিনয়ের সঙ্গে গ্রহণ করি, আমরা বুঝতে পারব যে ভালোবাসা কোনো দেওয়া নেওয়ার ব্যাপার নয়, ভালোবাসা কেবল ভাগ করে নেওয়ার বস্তু।

ইডেনের স্বর্গোদ্যানে ঘুরে বেড়াচ্ছিল ইভ। সেইখানে এসে উপস্থিত হলো সরিসৃপ।

'এই আপেলটা খাও।' সে ইভকে বলল।

ঈশ্বরের দ্বারা শিক্ষিত ইভ প্রত্যাখ্যান করল সেই অনুরোধ।

সরিসৃপ আবার বলল, 'আপেলটা খাও। কারণ তোমার ভালোবাসার মানুষের মন পেতে তোমাকে সুন্দর থাকতে হবে।'

'তার কোনো প্রয়োজন নেই। আমি ছাড়া দ্বিতীয় কোনো নারী তার জীবনে নেই।' জবাব দিল ইভ।

'অবশ্যই আছে।' হাসতে হাসতে বলল সরিসৃপ।

এর পরেও যখন ইভ তার কথা বিশ্বাস করল না তখন সে ইভকে নিয়ে গেল পাহারচূড়ায় এক কুয়োর ধারে।

'এই গভীর গুহায় সে আছে। আদম তাকে এখানে লুকিয়ে রেখেছে।' সরিসৃপ বলল।

ইভ ঝুঁকে পড়ল। দেখল জলের মধ্যে এক সুন্দরী নারীর অবয়ব দেখা যাচ্ছে। আর একটুও দেরি না করে সরিসৃপের দেওয়া আপেল খেয়ে নিল ইভ।

‘হৃদয়কে চিঠি’ র এক টুকরো:

প্রিয় হৃদয়, আমি কখনও তোমার নিন্দে করব না, সমালোচনা করব না, তোমার কথায় লজ্জিতও হব না। আমি জানি তুমি হলে পরমেশ্বরের ভালোবাসার সন্তান, তিনি তোমাকে আলোর মোড়কে মুড়ে রেখেছেন।

আমি তোমাকে বিশ্বাস করি প্রিয় হৃদয়। আমি তোমার দিকেই আছি এবং অহোরাত্র তোমার মঙ্গল কামনায় প্রার্থনা করে যাচ্ছি যাতে আশীর্বাদ বৃষ্টির মতো তোমার ওপর ঝরে পড়ে। তোমার যখন প্রয়োজন তখন যাতে অন্যের সাহায্য এবং সহযোগিতা পাও, সে প্রার্থনাও থাকে আমার।

আমি তোমার ভালোবাসায় আস্থা রাখি। আমি জানি যার যেমন প্রয়োজন তাকে তুমি এই ভালোবাসা বিতরণ করবে। আমার পথই তোমার পথ হোক, চলো আমরা দুজন পবিত্র আত্মার সন্ধানে এক সঙ্গে পথ চলি।

তোমাকেও বলি: দয়া করে আমার ওপর আস্থা রেখো। জেনে রেখো, আমি তোমাকে ভালোবাসি এবং তুমি যাতে স্বাধীনভাবে, আনন্দের

সঙ্গে আমার বুকের খাঁচায় চলতে পারো, আমি সেই চেষ্টাই করি। আমার উপস্থিতি যাতে তোমাকে বিরক্ত না করে তার জন্য যা কিছু করা প্রয়োজন, আমি করব।

গুরু বললেন:

আমরা যখন কোনো কাজে অগ্রসর হই, খুব স্বাভাবিক ভাবে দ্বিমত আসবে। এমনও হতে পারে যাতে আমরা আহত হব।

ক্ষত সেরে যায়, দাগ রয়ে যায়, কিন্তু সেই দাগ আশীর্বাদ হিসেবে থাকে। যতদিন আমরা বেঁচে থাকব, সেই দাগও থাকবে এবং তা যথেষ্ট সাহায্যের হবে। যদি কোনো সময়ে অতীতে ফিরে যাবার টান অনুভব করি— সে যে কোনো কারণেই হোক না কেন— স্বার্থসিদ্ধির উদ্দেশ্যে বা অন্য কিছু কারণে— আমাদের উচিত হবে সেই দাগের দিকে দেখা।

ক্ষতের সেই দাগ আমাদের মনে করাবে গরাদের ভেতরে কাটানো দুঃসহ দিনের কথা, হাতকড়ার কথা, আর তখনই আমরা মাথা উঁচু করে সোজা হেঁটে যেতে পারব।

করিন্থিয়ানদের প্রতি পত্রে (Epistle to the Corinthians) সন্ত পল বলেছেন, ভালোবাসার অন্যতম বৈশিষ্ট্য হলো দয়া।

ভালোবাসা দয়াময় এই কথাটা যেন আমরা না ভুলি। কঠিন আত্মা কখনো ঈশ্বরকে তার নিজের মতো করে তাকে গড়ে নেবার অনুমতি দেয় না।

উত্তর স্পেনের কোনো এক সংকীর্ণ গলিপথ ধরে হাঁটছিলেন পর্যটক। সেখানে তিনি দেখলেন একটা বাগানে একজন লোক শুয়ে আছে।

'আপনি কি ফুল তুলছেন?'

লোকটি বলল, 'না। আমি কেবল ওদের দয়া কিছুটা শুষে নেবার চেষ্টা করছি।'

গুরু বললেন:

প্রতিদিন প্রার্থনা করো। তুমি যদি কোনো মন্ত্র নাও জানো, কিছু চাওয়ার নাও থাকে, কী নিয়ে প্রার্থনা করবে যদি নাও বুঝে উঠতে পারো, তাও প্রার্থনাকে অভ্যাসে পরিণত করো। প্রথম প্রথম বিষয়টা কঠিন মনে হতে পারে। তখন নিজেকে বলতে হবে: 'এই সপ্তাহে আমি প্রতিদিন প্রার্থনা করব।' প্রত্যেক সপ্তাহে এই প্রতিজ্ঞার পুনরাবৃত্তি করতে হবে।

মনে রাখবে, এতে যে কেবল আধ্যাত্মিক জগতের সঙ্গে তোমার যোগসূত্র তৈরি হবে তাই নয়, তুমি তোমার ইচ্ছেকেও প্রশিক্ষিত করবে। এই অভ্যাসের মাধ্যমেই সেই নিয়মানুবর্তিতা তৈরি হবে যা আমাদের জীবনযুদ্ধে লড়তে সাহায্য করবে।

একদিন ভুলে গিয়ে পরের দিন দুবার প্রার্থনা করে কোনো লাভ হবে না। অথবা, একদিনেই সাতবার প্রার্থনা করে নিলে আর বাকি দিনগুলো বসে বসে ভাবলে তোমার কাজ হয়ে গেছে, সেখানেও কোনো ফল পাবে না।

কিছু জিনিস সঠিক গতি এবং ছন্দে হওয়া প্রয়োজন।

একজন খারাপ লোক মারা গেল। নরকের প্রবেশপথে এক দেবদূতের সঙ্গে তার দেখা হলো।

দেবদূত বললেন:

'জীবনে যদি তুমি একটিও ভালো কাজ করে থাকো, সেই কর্মই তোমাকে নরকভোগ থেকে রক্ষা করবে।'

'আমি কোনোদিন কোনো ভালো কাজ করিনি।' লোকটি বলল।

'ভালো করে চিন্তা করে দেখো।' দেবদূত বললেন।

লোকটির মনে পড়ল, একদিন জঙ্গলের পথ দিয়ে যাবার সময়ে একটি মাকড়সাকে সরু সুতোয় ঝুলতে দেখে পাশ কাটিয়ে গেছিল যাতে সুতোটা ছিঁড়ে না যায়।

দেবদূত স্মিত হাসলেন এবং সেই মুহূর্তে স্বর্গ থেকে মাকড়সার জালের একটি সুতো নেমে এলো যা বেয়ে লোকটি স্বর্গে যেতে পারে। এই সময় নরকে থাকা বাতিল লোকজনও লোকটির পেছন পেছন সেই সুতো বেয়ে ওঠবার চেষ্টা করতে লাগল। লোকটি প্রাণপনে তাদের ঠেলে সরিয়ে দিল যাতে সুতোটা ছিঁড়ে না যায়।

পাওলো কোয়েলহো

সেই মুহূর্তে সুতোটা ছিঁড়ে গেল এবং লোকটি আবার নরকে আছড়ে পড়ল।

সে শুনতে পেল দেবদূত বলছেন, 'লজ্জাজনক! ভালো কাজের যেটুকু পুণ্য অর্জন করেছিলে, তোমার স্বার্থপরতার কারণে সেটুকুও পাপে পরিণত হলো।'

গুরু বললেন:

চৌমাথা হচ্ছে পবিত্র স্থান। তীর্থযাত্রীদের সেখানেই সমস্ত রকম সিদ্ধান্ত নেওয়া উচিত। কথায় বলে, ঈশ্বর ওখানে বসেই খান এবং ঘুমোন।

যেখানে দুটো রাস্তা একে অপরকে কাটে সেখানে শক্তিশালী উর্জা জমা হয়। এখানে একটা রাস্তাকে গ্রহণ করা হয় আর অন্যটাকে বর্জন করা হয়। খুব অল্প সময়ের জন্য দুটো রাস্তা এক হয়ে যায়।

তীর্থযাত্রীরা এই চৌমাথায় বসে বিশ্রাম নিতে পারে, বসত করেন যে ঈশ্বর তাঁর সঙ্গে আলাপ আলোচনা করতে পারে। কিন্তু অনন্তকাল ধরে কেউ সেখানে থাকতে পারবে না। যখনই তার পথ বাছাই করা হয়ে যাবে, তখনই সেই তীর্থযাত্রীকে ফেলে আসা পথ সম্পর্কে না ভেবে এগিয়ে যেতে হবে।

যদি সে এমনটা করে তবে চৌমাথা তার জন্য অভিশাপ হয়ে দাঁড়াবে।

মানবজাতি সত্যের নামে জঘন্যতম অপরাধ করেছে। অগণিত নারী পুরুষকে পুড়িয়ে মারা হয়েছে। সমগ্র সভ্যতা ধ্বংস করা হয়েছে।

যারা এই জঘন্য অপরাধ করেছিল তাদের সমাজ থেকে বহিষ্কার করা হয়েছিল। যারা এই ঘটনাগুলিকে অন্য চোখে দেখেছিল, তাদের এক ঘরে করে দেওয়া হয়েছিল।

এদের মধ্যে একজনকে সত্যের নামে ক্রুশবিদ্ধ করা হয়েছিল। তবে মৃত্যুর পূর্বে তিনি সত্যের এক অসাধারণ সংজ্ঞা দিয়ে গেছেন।

সত্য এমন কিছু নয় যা তোমাকে নিশ্চয়তা দিতে পারে।

সত্য এমন কিছু নয় যা তোমাকে গভীরভাবে চিন্তা করাতে পারে।

সত্য এমন কিছু নয় যা তোমাকে অন্যের থেকে ভালো হিসেবে প্রতিষ্ঠা দেবে।

সত্য এমন কিছু নয় যা তোমাকে কুসংস্কারের ঘেরাটোপে বন্দী রাখবে।

সত্য সেটাই যা আমাদের মুক্তি দেবে।

তিনি বলে গেছেন, 'সত্যকে জানো, সেই তোমাকে মুক্ত করবে।'

পবিত্র মঠের কোনো এক সন্ন্যাসী ঘোরোতর একটি অন্যায় করেছেন। সেই মঠের সন্ন্যাসীদের মধ্যে যিনি বুদ্ধিমান বলে পরিচিত, তাঁকে অপরাধী সন্ন্যাসীর বিচার করার জন্য ডাকা হয়েছে।

সেই বুদ্ধিমান সন্ন্যাসী প্রথমে না বললেও, অন্যান্য সন্ন্যাসীদের চাপে পড়ে অবশেষে রাজি হলেন। প্রথমে তিনি একটি বালতি নিয়ে তাতে বেশ কয়েকটি ছিদ্র করলেন। তারপর বালতিটিতে বালি ভরতি করে মঠের উদ্দেশ্যে যাত্রা করলেন।

মঠের প্রধান সন্ন্যাসীর নজরে পড়াতে তিনি বালতি সম্পর্কে জানতে চাইলেন।

'আমি আমার সহকর্মীর বিচার করতে এসেছি।' সন্ন্যাসী বললেন। 'যেভাবে বালতি থেকে বালি পড়ছে, ঠিক সেভাবেই আমার পাপগুলোকে আমি ফেলতে ফেলতে আসছি। কিন্তু যেহেতু আমি পেছন ফিরছি না এবং আমার পাপগুলোকে দেখতে পাচ্ছি না, তাই আমি সহকর্মীর পাপের বিচার করতে এসেছি।'

প্রধান সন্ন্যাসী সঙ্গে সঙ্গে এই বিষয় নিয়ে শাস্তির পথে না এগনোর সিদ্ধান্ত নিলেন।

পাইরেনিস (Pyrenees) অঞ্চলের একটি ছোট্ট চার্চের দেওয়ালে লেখা :

হে প্রভু, এই মোমবাতির আলোয় আলোকিত হয়ে উঠুক আমার সমস্ত সিদ্ধান্ত এবং বাধা বিপত্তি।

এই আলো আগুন হয়ে আমার অন্তরের অহংকার, অশুদ্ধি, গর্বকে জ্বালিয়ে বিনাশ করুক, শিখা হয়ে আমার হৃদয়ে উষ্ণতা আনুক এবং আমাকে ভালোবাসতে শেখাক।

তোমার এই পবিত্র চার্চে আমি বেশিক্ষণ থাকতে পারব না। কিন্তু এই মোমবাতিটি আমি রেখে যাচ্ছি যাতে আমার সামান্য অংশ এখানে উপস্থিত থেকে আজ আমি যা যা কাজ করব তার প্রার্থনা জারি রাখতে পারে। আমেন।

পর্যটকের এক বন্ধু নেপালের কোনো এক মনাস্ট্রিতে কিছুদিন কাটাবেন ঠিক করলেন। এক দুপুরে মনাস্ট্রির অন্তর্গত মন্দিরগুলো দেখতে বেরিয়ে তিনি এক সন্ন্যাসীর দেখা পেলেন যিনি মন্দিরের বেদীতে বসে হাসছেন।

'আপনি হাসছেন কেন?' বন্ধু জিগ্যেস করলেন।

'আমি হাসছি কারণ এইমাত্র আমি কদলী অর্থাৎ কলার অর্থ বুঝতে সক্ষম হয়েছি।' এই কথা বলে সন্ন্যাসী ব্যাগের ভেতর থেকে একটা পচা কলা বের করে আনলেন। 'এই হলো আমাদের অতীত যা আমরা পেরিয়ে এসেছি এবং আনন্দসহকারে কাটাতে ব্যর্থ হয়েছি, এখন আর কিছুই করার নেই, অনেক দেরি হয়ে গেছে।'

এরপর তিনি ব্যাগ থেকে একটা কলা বের করলেন যার খোসাটা টাটকা সবুজ।

কলাটাকে তিনি উঁচু করে ধরলেন এবং তারপর আবার ব্যাগে ভরে রাখলেন।

‘এটা হলো আগামী জীবন যার জন্য অপেক্ষা করতে হবে।’ সন্ন্যাসী বললেন।

পরিশেষে তিনি একটি সুপক্ক কলা বের করে খোসা ছাড়িয়ে তার খানিকটা বন্ধুকে দিয়ে বললেন,

‘এই হলো বর্তমান মুহূর্ত। নির্ভয়ে বাঁচো।’

ব্রাজিলের শিল্পী বেবি কন্সুয়েলো তার ছেলেকে নিয়ে সিনেমা দেখতে যাবার উদ্দেশ্যে কিছু টাকা সঙ্গে নিয়ে বেরলেন।

বাচ্চাটি খুবই উৎসাহিত হয়ে বারবার জিগ্যেস করতে লাগল হলে পৌঁছতে আর কত দেরি।

লাল সিগনালে গাড়ি দাঁড়াতে বেবি দেখলেন, ফুটপাথে একজন ভিখিরি বসে আছে কিন্তু সে ভিক্ষে চাইছে না। সেই সময়ে বেবি শুনতে পেলেন, 'তোমার কাছে যা টাকা আছে ওকে দিয়ে দাও।'

বেবি সেই অজ্ঞাত স্বরের সঙ্গে তর্ক করতে শুরু করলেন। যতই হোক, তিনি তার ছেলেকে সিনেমা দেখাবেন কথা দিয়েছেন।

'টাকা ওকে দিয়ে দাও।' সেই অজ্ঞাত স্বর আবারও বলল।

'আমি অর্ধেক টাকা দিতে পারি যাতে আমার ছেলে অন্তত একাই সিনেমা দেখতে পারে। আমি নাহয় বাইরে অপেক্ষা করব।'

সেই অজ্ঞাত স্বর তর্কে রাজি ছিল না।

'সবটাই দিয়ে দাও।'

সে কী করতে যাচ্ছ তা ছেলেকে বোঝানোর সময় বেবির ছিল না। সে গাড়ি দাঁড় করিয়ে সমস্ত টাকা সেই ভিখিরির হাতে দিয়ে দিল।

'ঈশ্বর যে আছেন তুমিই তার প্রমাণ,' ভিখিরি বলল। 'আজ আমার জন্মদিন। আমি খুবই দুঃখে ছিলাম এবং ভিক্ষে করতেও লজ্জা পাচ্ছিলাম। তাই ভেবে নিয়েছিলাম, আজ আর ভিক্ষে করব না, ঈশ্বর যদি থেকে থাকেন তবে তিনি নিশ্চয়ই আমাকে উপহার দেবেন।'

একটি গ্রামের মধ্যে দিয়ে একজন তীর্থযাত্রী হেঁটে যাচ্ছিলেন। সেই সময় ঝড়বৃষ্টি শুরু হল। তার ভেতরেই তীর্থযাত্রী দেখতে পেলেন একটা বাড়িতে আগুন লেগেছে।

আরও কাছাকাছি যেতে তিনি দেখলেন, সেই জ্বলন্ত বাড়ির ঘরে একজন বসে আছে।

তীর্থযাত্রী চেঁচিয়ে উঠলেন, 'মহাশয়, আপনার বাড়িতে আগুন লেগেছে!'

'আমি জানি।' লোকটি বলল।

'আপনি বেরিয়ে আসছেন না কেন?'

'কারণ, বৃষ্টি পড়ছে। আমার মা বলেছেন, আমি যদি বৃষ্টিতে ভিজি আমার নিউমোনিয়া হতে পারে।'

ঝাও চি'র উক্তি :

'বুদ্ধিমান মানুষ জানে পরিস্থিতি অনুযায়ী কীভাবে বদলাতে হয়।'

জাদুবিদ্যার এক বিশেষ শাখায় শিক্ষার্থীরা বছরে এক দিন অথবা এক সপ্তাহ বাড়ির সমস্ত জিনিসের সংস্পর্শে কাটায়।

প্রত্যেকটা জিনিসকে স্পর্শ করে জোরে জোরে উচ্চারণ করে:

'এটা কি আমার খুব প্রয়োজন?'

তাক থেকে বইগুলো হাতে নিয়ে বলে, 'এগুলো কি আর পড়ব?'

যে সমস্ত স্মরণিকা জমিয়ে রাখা ছিল, সে সব বের করে বলে, 'যে সমস্ত মুহূর্তের কথা এরা আমাকে মনে করিয়ে দিচ্ছে সেসবের আর কি কোনো গুরুত্ব আছে আমার জীবনে?'

তারা জামাকাপড়ের আলমারি খুলে বলে:

'কত বছর ধরে এসব জমে রয়েছে, একবারও পরিনি। আমার কি সত্যিই এগুলোর দরকার আছে?'

গুরু বললেন:

প্রত্যেক বস্তুরই নিজস্ব এনার্জি আছে। যখন তাকে ব্যবহার করা হয় না তখন তার অবস্থা জমা জলের মতো হয়ে যায়, যা নাকি পচে যায় আর মশাদের আস্তানা হয়ে ওঠে।

তোমাকে সচেতন ভাবে এই এনার্জিকে কাজে লাগাতে হবে। তুমি যদি পুরনোতেই আটকে থাকো, নতুনের পক্ষে নিজেকে সামনে নিয়ে আসা আর হয়ে উঠবে না।

পাওলো কোয়েলহো

প্রাচীন পেরুর গল্প এটি। সেখানে একটি শহর ছিল যার সমস্ত অধিবাসীরা অত্যন্ত সুখে থাকত। তারা তাদের পছন্দমতো কাজ করত, বাধা দেবার কেউ ছিল না। নিজেদের মধ্যে সুন্দর সম্পর্ক ছিল। কেবল রাজ্যপালমশাই খুশি ছিলেন না কারণ, তার করার মতো কোনো কাজই ছিল না।

কারাগার ফাঁকা পড়ে থাকত, বিচারালয় কখনও ব্যবহারই হতো না, আইন নিয়ে যাদের কারবার তাদের কোনো রোজগার ছিল না কারণ কাগজ কলম সই সাবুদের থেকে মানুষের মুখের কথার দাম অনেক বেশি ছিল।

একবার সেই শহরের অধ্যক্ষ বাইরে থেকে কিছু মিস্তিরি ডেকে আনলেন। শহরের মধ্যিখানে গোল করে ঘিরে তারা কাজ শুরু করল। বাইরে থেকে ছেনি হাতুড়ি আর করাত টানার আওয়াজ পাওয়া ছাড়া আর কিছুই দেখা যেত না।

এক সপ্তাহ বাদে রাজ্যপাল উদ্বোধনে সমস্ত শহরবাসীকে আমন্ত্রণ জানালেন। পর্দা সরে যেতে সবাই দেখল... ফাঁসিকাঠ!

মানুষজন অবাক হয়ে ভাবল, এটার এখানে কী কাজ! তারা অনিশ্চয়তা আর ভয়ে ভুগতে শুরু করল। কোনো আইন যদি প্রণয়ন হয়ে যায় তাই আগেভাগেই তারা আদালতে যাওয়া শুরু করল। আগে যেখানে তাদের মুখের কথাই যথেষ্ট ছিল, এখন তারা নোটারির কাছে গিয়ে লিখিত দিতে লাগল।

গল্পের শেষে বলা আছে: সেই ফাঁসিকাঠ কোনোদিনই কাজে আসেনি কিন্তু তা সব কিছু বদলে দিতে যথেষ্ট ছিল।

অস্ট্রিয়ার মনোরোগ বিশেষজ্ঞ ভিক্টর ফ্র্যাঙ্কলিন নাজি (Nazi) কনসেন্ট্রেশন ক্যাম্পে থাকাকালীন তাঁর অভিজ্ঞতার কথা বলছিলেন। সব রকম অত্যাচারের মধ্যেও কীভাবে তার সহবন্দী ফিসফিস করে তাঁকে বলেছিল, 'এই সময়ে যদি স্ত্রীরা আমাদেরকে দেখত!'... এটা শুনে আমার স্ত্রীর কথা মনে পড়ে যায়... যখন আমারা মাইলের পর মাইল হাঁটছি, বরফে ঢাকা জায়গার ওপর পিছলে নামছি, একে অন্যকে টেনে নামাচ্ছি, ঠেলে ওপরে তুলছি, এভাবেই পারস্পরিক সহায়তায় এগোচ্ছি, মুখে কিছু না বললেও, আমরা দুজনেই জানি: প্রত্যেকেই তাঁর স্ত্রীর কথা ভাবছিলাম।

'এরপরেই আমি কবিতা এবং মানুষের চিন্তনে আসা সবথেকে গোপন কথাটার সঠিক মানে বুঝতে পারলাম: *একমাত্র ভালোবেসে এবং ভালোবাসার মধ্যে থেকেই মুক্তি পাওয়া যায়।* আমি বুঝতে পারলাম কীভাবে একজন মানুষ যার কিচ্ছু নেই, সেও আনন্দে থাকতে পারে, মননে তার ভালোবাসার মানুষকে রেখে, হলেই বা সেটা কিছু মুহূর্তের জন্য। জনহীন অবস্থায়, যখন মানুষের সদর্থক কিছু করার থাকে না, যখন তার একমাত্র প্রাপ্তি হচ্ছে তার যন্ত্রণাগুলোকে সঠিকভাবে, সম্মানের সঙ্গে সহ্য করে যাওয়া— এই অবস্থাতেও মননে তার প্রিয়তমের ছবি নিয়ে চললে পরিতৃপ্তি আসবে।

'আমি জানি না আমার স্ত্রী বেঁচে আছে কি না, তাকে খুঁজে বের করার কোনো উপায়ও আমার কাছে নেই... কিন্তু সেই মুহূর্তে এসব চিন্তার কোনো মানে হয় না। আমার জানার কোনো প্রয়োজনও নেই, আমি জানি আমার ভালোবাসা, আমার চিন্তা, আমার অন্তরে প্রতিষ্ঠিত ভালোবাসার মানুষের ছবি এতটাই শক্তিশালী যে, সেসব কেউ ছুঁতে পারবে না। আমি যদি জানতে পারি যে আমার স্ত্রী আর বেঁচে নেই, আমি আমার অন্তরে তার অধিষ্ঠানকে বিরক্ত করব না, তার সঙ্গে আমার মানসিক আলাপ আলোচনা নিখুঁতভাবে চালিয়ে যাব এবং পরিতৃপ্ত হব ঠিক এইভাবে—

"তোমর হৃদয়ে আমাকে সিলমোহর করে নাও, ভালোবাসা মৃত্যুর মতোই শক্তিশালী।" '

গুরু বললেন:

যারা মনগড়া ধ্যানধারণা নিয়ে থাকেন, এখন থেকে পরবর্তী একশো বছর ব্রহ্মাণ্ড তাদের বয়কট করবে।

পৃথিবীর এনার্জির পুনর্নবীকরণ দরকার। নতুন চিন্তার জন্য জায়গা দরকার। শরীর এবং মনকে নতুন প্রতিদ্বন্দ্বিতার মুখোমুখি হতে হবে। ভবিষ্যৎ আমাদের দরজায় কড়া নাড়ছে। সব নতুন চিন্তাভাবনাকে গ্রাহ্য করা হবে একমাত্র যাদের ভাবনা কুসংস্কারাচ্ছন্ন, তাদের ছাড়া।

যা কিছু প্রয়োজনীয় তা থাকবে, অপ্রয়োজনীয় সবই মুছে যাবে। অন্য মানুষের স্বপ্ন সফল করার বদলে আমরা নিজেদের সাফল্যের দিকে বেশি নজর দেব।

নিজের চলার পথে বিশ্বাস রাখতে অন্যের পথকে ভুল ভাবার কোনো প্রয়োজন নেই। যদি কেউ সেটা করে তবে ধরে নিতে হবে, নিজের পদক্ষেপেই তার আস্থা নেই।

জীবন হচ্ছে এক লম্বা সাইকেল রেস, ব্যক্তিগত লক্ষ্যে পৌঁছতে সেই রেসে সবাই নেমে পড়েছে।

প্রথম প্রথম নিজেদের বৈপ্লবিক চিন্তাভাবনা থেকে শুরু করে উৎসাহ উদ্দীপনা সকলের সঙ্গে ভাগ করে নিয়ে চলা হয়। প্রাথমিক এই উত্তেজনা চালিকাশক্তি হিসেবে কাজ করলেও দিন যত এগোয় অবসন্নতা, একঘেয়েমি, আত্মবিশ্বাস, সবই কমতে থাকে। আমরা দেখতে পাই, কোনো কোনো বন্ধু হাল ছেড়ে দিয়েছেন; যদিও তারা চলার মধ্যেই আছে কারণ, তারা মাঝ রাস্তায় থামতে পারবেন না। কেউ কেউ পাশে চলতে থাকা ভ্যানকে ধরে কেবল প্যাডেল চালিয়ে যাচ্ছেন, ভ্যানের গতি টেনে নিয়ে যাচ্ছে তাকে।

ক্রমশ চোখের সামনে থেকে তারা অন্তর্হিত হয় যান, আমরা তখন একা হয়ে পড়ি। আবার অপরিচিত পথের বাঁকে নতুন বিস্ময় অপেক্ষা করে থাকে আমাদের জন্য। কখনো কখনো আমাদের বাহনটিও ঝঞ্ঝাটে ফেলে।

আমরা শেষ করি এই বলে, ‘এত পরিশ্রমের প্রয়োজন ছিল কি!’

হ্যাঁ ছিল, হাল ছেড়ো না বন্ধু।

পাওলো কোয়েলহো

এক গুরু তাঁর শিষ্যকে নিয়ে আরবের মরুভূমির মধ্যে দিয়ে যাচ্ছিলেন। যাত্রাপথের প্রতিটা মুহূর্ত তিনি 'বিশ্বাস' সম্পর্কে শিষ্যকে যতটা সম্ভব শিক্ষা দিচ্ছিলেন।

'ঈশ্বরের হাতে সবকিছু সমর্পণ করো। ঈশ্বর কখনও তাঁর সন্তানকে পরিত্যাগ করেন না।' গুরু বললেন।

রাত্রিযাপনের জন্য তারা মরুভূমির মাঝে তাঁবু খাটালেন। গুরু শিষ্যকে বললেন, কাছাকাছি কোনো পাথরে ঘোড়াদুটোকে বেঁধে রেখে আসতে। শিষ্য গেল। পাথরের কাছাকাছি গিয়ে তার মনে হলো, 'গুরুদেব নিশ্চয়ই আমার পরীক্ষা নিচ্ছেন। আমার উচিত ঈশ্বরের হাতে ঘোড়াদের ছেড়ে দেওয়া।' ঘোড়াদুটোকে না বেঁধে সে ফিরে এল।

সকালে গিয়ে শিষ্য আবিষ্কার করল, ঘোড়াদুটো পালিয়েছে। ভয়ঙ্কর রেগে গিয়ে সে গুরুকে এসে বলল, 'আপনি ঈশ্বর সম্পর্কে কিছুই জানেন না। আমি ঘোড়াদের ওঁর হাতে ছেড়ে দিয়ে এসেছিলাম, ঘোড়ারা পালিয়ে গেছে।'

গুরু বললেন, 'ঈশ্বর চেয়েছিলেন ঘোড়াদের দেখাশোনা করতে, আর সেই কারণেই তোমার হাতের মাধ্যমে তাদের পাথরে বাঁধার ব্যবস্থা করেছিলেন।'

‘ঈশ্বর নিশ্চয়ই মানুষকে বাঁচাতে কিছু দূতকে নরকে প্রেরণ করেছেন। সবাই ওপরে বসে নেই।’

এই কথা শুনে পর্যটক যারপরনাই বিস্মিত হলেন। জন হলেন লস এঞ্জেলসের একজন দমকল কর্মী। আজ তার ছুটি।

‘এ কথা কেন বলছেন?’ পর্যটক জিগ্যেস করলেন।

‘কারণ আমি জানি নরক কী। এই পৃথিবীতেই আমি তা প্রত্যক্ষ করেছি। আমি জ্বলন্ত বাড়িগুলোতে যাই। দেখি, কীভাবে প্রাণের ঝুঁকি নিয়ে মানুষ বাঁচার চেষ্টা করছে। অনেক সময় নিজের জীবন বিপন্ন করেও তাদের বাঁচাই। এই বিশাল ব্রহ্মাণ্ডে আমি ধুলোকণার মতো একজন, তাও নায়কের মতো আগুন লাগা বাড়িগুলো থেকে মানুষকে উদ্ধার করি। কিছু না হয়েও আমি যদি এটুকু করতে পারি, তাহলে ভাবুন, যীশু কি করতে পারেন! আমার দৃঢ় বিশ্বাস, নরকে তাঁর প্রেরিত দূতেরা আছেন যাঁরা আত্মাদের রক্ষা করছেন।’

গুরু বললেন:

কিছু কিছু প্রাচীন সভ্যতায় মৃতদেহকে কবর দেবার সময় ভ্রূণের মতো করে রাখা হয়। 'যেহেতু তাদের আবার জন্ম হবে তাই তারা যে অবস্থায় জন্ম নিয়েছিল, সেই অবস্থাতেই তাদেরকে কবরস্থ করা হয়।' ওরা বিশ্বাস করে, বিশ্বব্রহ্মাণ্ডে মানুষের লম্বা সফরে ক্রমাগত হতে থাকা পরিবর্তনে মৃত্যু কেবলমাত্র একটা পদক্ষেপ।

মৃত্যুকে এই নম্র চোখে দেখার দৃষ্টিভঙ্গি পৃথিবী থেকে হারিয়ে গেছে। যদিও মৃত্যু নিয়ে আমরা কি ভাবি, কি বিশ্বাস করি অথবা কি করি তাতে কিছু যায় আসে না। আমরা সবাই একদিন মারা যাব।

এই ব্যাপারে প্রাচীন ইয়াকি ইন্ডিয়ানদের (Yaqui Indian) মতাদর্শকেই গ্রহণ করা উচিত: মৃত্যুকে পরামর্শদাতা ধরে নিয়ে তাকেই জিগ্যেস করা উচিত, 'জানি আমাকে মরতে হবে, তাহলে এখন আমার কী করণীয়?'

উপদেশ দেওয়া বা নেওয়াই জীবন নয়। জীবন সম্পর্কে শিক্ষা যদি নিতেই হয় তাহলে লক্ষ্য রাখতে হবে অন্যরা কীভাবে তাদের সমস্যার সমাধান করছেন বা করতে পারছেন না।

দেবদূতরা আমাদের সঙ্গেই আছেন এবং সমস্যার সমাধান তারা অন্যের মুখ দিয়ে বলিয়ে করে দেন। শত ব্যস্ততার মাঝেও আমরা ভাবি কিছু জাদু হবে আর আমাদের সমস্যার সমাধান হয়ে যাবে এবং ঠিক তখনই কারুর না কারুর মাধ্যমে সেটা হয়েও যায়।

আমাদের উচিত দেবদূতদের তাঁদের মতো করে বলতে দেওয়া যেভাবে তাঁরা অভ্যস্ত এবং যখন তাঁরা প্রয়োজন মনে করবেন।

গুরু বললেন:

উপদেশ চলার পথের থিওরি হতে পারে তবে বাস্তব ছবিটা আলাদা।

একদিন রিও ডি জেনেইরোর সিসিআর (Catholic Charismatic Renewal Church) -এর এক সাধু বাসে চড়ে যাচ্ছিলেন। সেই সময় তিনি শুনতে পান কেউ যেন বলছে সেই মুহূর্তে বাসের মধ্যেই যীশুর বাণী প্রচার করতে। সাধু সেই স্বরের উদ্দেশ্যে বললেন:

'এরা আমাকে পাগল ভাববে। এটা ধর্মোপদেশের জায়গা নয়।'

একথা বলা সত্ত্বেও সাধু ভেতর থেকে বলার তাগিদ অনুভব করতে লাগলেন।

তিনি অনুরোধ করলেন, 'আমার খুবই লজ্জা লাগছে। দয়া করে আমাকে এই কাজ করতে বলবেন না।'

সেই স্বর তবু গেল না।

তখন সাধুর নিজের প্রতিজ্ঞার কথা মনে পড়ল: যীশু যে আদেশই দেবেন তিনি তৎক্ষণাৎ তা পালন করবেন। খুবই অস্বস্তির সঙ্গে সাধু দাঁড়িয়ে পড়লেন এবং গসপেল সম্পর্কে বলতে শুরু করলেন। বাসের যাত্রীরা নিশ্চুপ হয়ে শুনতে লাগল। প্রত্যেক যাত্রীর দিকে তাকালেন তিনি, দু একজন বাদে সকলেই শুনছে। সাধুর অন্তরে যা

কিছু ছিল সব উজাড় করে বলে, শেষে ধর্মোপদেশ দিয়ে তিনি বসে পড়লেন।

এখনও তিনি জানেন না, সেই মুহূর্তে কোন কাজ তিনি সম্পূর্ণ করলেন, কিন্তু কাজ যে পুরোপুরি সম্পন্ন করেছেন সে বিষয়ে তিনি নিশ্চিত।

আফ্রিকার এক জাদুকর তার শিক্ষার্থীকে নিয়ে জঙ্গলের মধ্যে দিয়ে যাচ্ছিলেন। বয়েস বেশি হওয়া সত্ত্বেও তিনি নম্রভাবে হাঁটছিলেন কিন্তু তাঁর শিক্ষার্থী বার বার পা হড়কে পড়ে যাচ্ছিল। সে উঠে দাঁড়িয়ে এবড়োখেবড়ো জমিতে থুথু ফেলে অভিশাপ দিচ্ছিল, তারপর আবার গুরুকে অনুসরণ করছিল।

অনেকটা পথ হাঁটার পর তারা এক পবিত্র স্থানে পৌঁছল। বিন্দুমাত্র না থেমে জাদুকর ফিরতি পথ ধরলেন।

'আজ আপনি আমাকে কোনো শিক্ষাই দিলেন না।' আরো একবার পড়ে গিয়ে শিক্ষার্থী বলল।

'আমি দিয়েছি, কিন্তু মনে হয়, তুমি তা গ্রহণ করতে পারোনি। কীভাবে জীবনে ভুলগুলোর সঙ্গে মোকাবিলা করবে সেই শিক্ষাই দেবার চেষ্টা করেছি।' জাদুকর বললেন।

'কীভাবে মোকাবিলা করব?'

'যেভাবে প্রত্যেকবার পড়ে যাবার পর করছিলে,' জাদুকর বললেন। 'পড়ে যাবার স্থানকে অভিশাপ না দিয়ে কেন পড়ে যাচ্ছ তার কারণ খুঁজলে ঠিক হতো।'

এক সন্ধ্যায় মঠাধ্যক্ষ পবিত্র মনাস্ট্রি পরিদর্শন করাকালীন এক সাধু তাঁর সঙ্গে দেখা করতে এলেন।

'আমার আধ্যাত্মিক পথপ্রদর্শক জানেন না কীভাবে শিক্ষা দিতে হয়। আমি কি তাঁকে ত্যাগ করব?' সাধু বলল।

মঠাধ্যক্ষ কোনো উত্তর দিলেন না দেখে সাধু ফিরে গেল। সপ্তাহখানেক বাদে সে আবার মঠাধ্যক্ষের কাছে গিয়ে উপস্থিত হল।

'আমার আধ্যাত্মিক পথপ্রদর্শক জানেন না কীভাবে শিক্ষা দিতে হয়। আমি তাঁকে ত্যাগ করব স্থির করেছি।' সাধু বলল।

'এইবার বুদ্ধিমানের মতো কথা বলেছ।' মঠাধ্যক্ষ বললেন। 'যখন কারুর মনে হয় তাঁর আত্মার তৃপ্তি হচ্ছে না তখন সে উপদেশ চায় না। জীবনপথে সঠিকভাবে চলার জন্য নিজেকেই গুরুত্বপূর্ণ সিদ্ধান্ত নিতে হয়।'

এক যুবতী পর্যটককে গিয়ে বলল:

'জানেন তো, চিরকালই আমার মনে হয়েছে অসুখ সারিয়ে তোলার ক্ষমতা আমার রয়েছে কিন্তু কখনও পরীক্ষা করে দেখার সাহস হয়নি। তারপর একদিন আমার স্বামীর বাঁ পায়ে প্রচন্ড যন্ত্রণা শুরু হয়। সে সময়ে আশেপাশে কেউ না থাকায় আমি সাহায্য করব স্থির করি। খুবই দ্বিধার সঙ্গে ওঁর বাঁ পায়ে হাত রেখে প্রার্থনা করতে থাকি যাতে ব্যথা চলে যায়।

'আমি ভাবিনি যে এই কাজে আমি সফল হব আর ঠিক তখনই কানে আসে স্বামী বলছেন, 'হে প্রভু, আমার স্ত্রীর মধ্যে দিয়ে তোমার আলো এবং শক্তি প্রকট হয়ে উঠুক।' সেই মুহূর্তে আমার হাত গরম হয়ে ওঠে এবং ওর ব্যথা কমে যায়।

'আমি স্বামীকে জিগ্যেস করি তিনি ওভাবে কেন বললেন। আমি যাতে আত্মবিশ্বাস না হারাই সেই কারণে তিনি বললেন, তুমি যে সারাতে পারো সেই জন্য ওই শব্দগুলোকে ধন্যবাদ দাও।'

প্রথম ডায়োনিসিয়াস ছিলেন সিরাকিউসের একজন গ্রীক অত্যাচারী শাসক। দার্শনিক অ্যারিস্টিপাস ছিলেন ডায়োনিসিয়াসের ধামাধরা।

এক সন্ধ্যায় অ্যারিস্টিপাস দেখলেন ডায়োজিনিস নিজের জন্য অল্প ডাল রান্না করছেন।

'ডায়োনিসিয়াসের সামনে মাথা নত করলে আপনাকে ডাল খেয়ে কাটাতে হতো না।' অ্যারিস্টিপাস বললেন।

'আপনি যদি আপনার খাদ্যাভ্যাসকে ডালে নামিয়ে আনতে পারতেন তাহলে আপনাকে ডায়োনিসিয়াসের সামনে ঝুঁকতে হতো না।' পালটা বললেন ডায়োজিনিস।

গুরু বললেন:

একথা সত্যি যে প্রত্যেকটি জিনিসের মূল্য আছে এবং সেই মূল্য আপেক্ষিক। আমরা যখন নিজেদের স্বপ্ন সফল করার উদ্দেশ্যে ছুটি তখন অন্যদের মনে ধারণা হতেই পারে আমরা গরিব, অসুখী, কিন্তু তাতে কিছু এসে যায় না। আসল কথা হলো প্রাণের আনন্দ। সেটুকু থাকলেই যথেষ্ট।

পারস্যে থাকত এমন একজন মহান মানুষের কথা জানতে পারল তুর্কীস্তানে থাকা একজন।

সেই তুর্কী নির্দ্বিধায় তাঁর পরিবার ছেড়ে, সমস্ত ধন সম্পত্তি ছেড়ে দুনিয়াকে বিদায় জানিয়ে জ্ঞানের খোঁজে বেরিয়ে পড়ল।

অনেক বছর এদিক ওদিক ঘোরাঘুরি করে অবশেষে তুর্কী সেই মহান মানুষ যেখানে থাকেন, সেখানে গিয়ে পৌঁছল। ভয় মেশানো শ্রদ্ধার সঙ্গে সে দরজায় টোকা দিল।

মহান মানুষটি দরজা খুললেন।

'আমি সুদূর তুর্কীস্তান থেকে আসছি। একটা প্রশ্নের উত্তরের খোঁজে আমি এত দূর এসেছি।'

চোখে বিস্ময় নিয়ে মহান মানুষটি তার দিকে তাকালেন।

'বেশ, তুমি একটি প্রশ্ন করতে পারো।'

'আমি যা জিগ্যেস করব তা পরিষ্কার ভাবে বোধগম্য হওয়া প্রয়োজন। আমি কি তুর্কীতে প্রশ্ন করব?'

'করতে পারো। আমি কিন্তু তোমার একটি প্রশ্নের উত্তর দিয়ে দিলাম। এরপর তোমার কিছু জানার থাকলে নিজের হৃদয়কে প্রশ্ন করো, সে উত্তর দিয়ে দেবে।' মহান মানুষটি এই কথা বলে দরজা বন্ধ করে দিলেন।

গুরু বললেন:

শব্দই শক্তি। পৃথিবী এবং মনুষ্যজাতিকে বদলে দেবার ক্ষমতা রাখে শব্দ।

আমাদের বলা হয় : 'নিজের জীবনের ভালো ঘটনাগুলো অন্য কারুর কাছে বোলো না। তাদের ঈর্ষা তোমার আনন্দকে মাটি করে দেবে।'

এসব ভিত্তিহীন কথা; যাদের জীবনে অলৌকিক কিছু ঘটেছে, গৌরবের সঙ্গে সেই কথা তাদের বলা উচিত। তুমি যদি ধনাত্মক শক্তি বাতাসে ছড়িয়ে দাও, সে আরও ধনাত্মক শক্তিকে টেনে আনবে এবং যারা তোমায় সত্যিকারের ভালোবাসে তাদের ভালো করবে।

যারা ঈর্ষান্বিত, হেরে যাওয়া মানুষ, তারা তখনই তোমার ক্ষতি করতে পারবে যদি তুমি তাদের তা করতে অনুমতি দাও।

ভয় পেও না। যারা শুনতে আগ্রহী, তাদেরকে তোমার সাফল্যের গল্প বলো। পৃথিবীর অন্তরাত্মা তোমার আনন্দের ভাগ চায়।

এক সময় স্পেন দেশের এক রাজা ছিলেন। বংশমর্যাদা নিয়ে তাঁর খুব গর্ব ছিল। সেই রাজা ভয়ানক অত্যাচারী ছিলেন।

একদিন রাজা দলবলসহ আরাগনের প্রান্তর দিয়ে যাচ্ছিলেন। সেই প্রান্তরে কিছু বছর আগে তাঁর পিতা যুদ্ধে হেরে গিয়ে প্রাণ হারিয়েছিলেন।

সেই প্রান্তরে একজন ধার্মিক লোকের সঙ্গে রাজার দেখা হলো যে স্তূপীকৃত হাড়ের ঢিপি হাতড়াচ্ছিল।

'আপনি এখানে কি করছেন?' রাজা জানতে চাইলেন।

'আমার অভিবাদন গ্রহণ করবেন মহারাজ।' লোকটি বলল। 'যখন জানতে পারলাম স্পেনের রাজা এখানে আসছেন তখন আমার মনে হলো, ওঁর পিতার হাড়গুলো ওঁকে দিয়ে দেওয়া উচিত। বহু খোঁজাখুঁজি করেও আমি মহারাজের হাড়গুলো আলাদা করতে পারলাম না। চাষির হাড়, গরিবের হাড়, ভিখিরির হাড়, ক্রীতদাসের হাড়— সব একই রকম দেখতে।'

'নিগ্রোর চোখে নদী' (The Negro Speaks of Rivers)

ল্যাংস্টন হিউস (Langston Hughes)

নদীকে আমি জানি:
পৃথিবীর মতো প্রাচীন এবং মানুষের শরীরে বহতা রক্তের থেকেও বয়স্ক নদীকে আমি জানি।

নদীর মতোই গভীর আমার আত্মা।

কচি ভোরে আমি ইউফ্রেটিসে অবগাহন করেছি।
কঙ্গোর ধারে কুঁড়ে তৈরি করেছি, সে আমায় ঘুম পাড়ানি গান গেয়ে ঘুম পাড়িয়েছে।
নীলনদকে দেখে দেখে তার ওপর পিরামিড স্থাপন করেছি।
অ্যাবে লিংকন যখন নাও বেয়ে মিসিসিপি থেকে নিউ অরলিয়েন্সে যাচ্ছিল তখন মিসিসিপির গান শুনেছি। সূর্যাস্তের রঙে নদীর কর্দমাক্ত পাড়কে সোনালি হতে দেখেছি।

নদীকে আমি জানি:
প্রাচীন, গোধূলির রঙমাখা নদী।

আমার আত্মা নদীর মতোই গভীর।

‘ভালো তরবারি-যোদ্ধা হতে গেলে কী কী গুণ থাকা জরুরি?’ যোদ্ধা জিগ্যেস করল।

‘মঠের সামনের মাঠে যাও। সেখানে একখানা পাথর দেখতে পাবে। সেটাকে অপমান করো।’ গুরু বললেন।

‘কেন আমি তা করতে যাব? পাথরের কাছ থেকে আমি তো কোনো উত্তর পাব না।’ শিষ্য বলল।

‘তখন তরবারি দিয়ে আঘাত কোরো।’ গুরু বললেন।

‘এটাও আমি করতে পারব না, আমার তরবারি ভেঙে যাবে। যদি খালি হাতে আঘাত করি তাহলে আমার আঙুল ভেঙে যাবে, পুরো ব্যাপারটাই শুধুশুধু হবে। আমি জানতে চাইছিলাম, কী কী গুণ থাকলে একজন ভালো তরবারি-যোদ্ধা হওয়া যায়?’ শিষ্য বলল।

গুরু বললেন: ‘পাথরের মতো গুণাবলী যার মধ্যে আছে সেই ভালো তরবারি যোদ্ধা হতে পারে। খাপ থেকে তরবারি না বের করেই যে বুঝিয়ে দিতে পারে, কেউ তাকে পর্যুদস্ত করতে পারবে না।’ গুরু বললেন।

স্পেন দেশের নাভারা (Navarra) অঞ্চলের ছোট একটা গ্রাম সান মার্টিন (San Martin de Unx)। পর্যটক সেখানে পৌঁছলেন। সেই গ্রামের কাছেই ছিল একটি রোমান গির্জার ধ্বংসাবশেষ। সেই গির্জার চাবি থাকত এক মহিলার কাছে। সৌভাগ্যবশত পর্যটক তাকে খুঁজে পেলেন। সেই মহিলা খুবই যত্নসহকারে অলিগলি পেরিয়ে পর্যটককে সেই গির্জায় নিয়ে গিয়ে দরজা খুলে দিল।

পর্যটক দেখলেন এই মধ্যযুগীয় প্রাচীন গির্জার অন্দরে বিরাজ করছে অন্ধকার এবং নীরবতা। তিনি সেই মহিলার সঙ্গে কথা বলা শুরু করলেন এবং একটা সময়ের পর বললেন, মধ্যাহ্ন হওয়া সত্ত্বেও তিনি ভেতরের সূক্ষ্ম কারুকার্য দেখতে অক্ষম।

মহিলা বললেন, 'ভোরবেলা ছাড়া বিশদে দেখা যায় না। লোকগাথা অনুযায়ী, এই গির্জার স্থপতিরা এই শিক্ষাই দিতে চেয়েছিলেন যে, ঈশ্বর তাঁর মহিমা কেবলমাত্র কিছু নির্দিষ্ট সময়েই প্রকাশ করেন।'

গুরু বললেন:

ভগবান দুধরনের। একজন ভগবান যাঁর সম্পর্কে গুরু আমাদের শিক্ষা দেন আর অন্য ভগবান নিজেই আমাদের শিক্ষা দেন। একজন ভগবান সম্পর্কে মানুষ কথা বলে আর অন্যজন আমাদের সঙ্গে কথা বলেন। একজন ভগবানকে আমরা ভয় পাই আর অন্যজন আমাদের দয়ার কথা বলেন।

দুধরনের ভগবান আছেন। একজন অনেক উচ্চতায় থাকেন আর অন্যজন আমাদের রোজকার কাজে অংশ নেন। একজনের প্রচুর চাহিদা, অন্যজন আমাদের ঋণ মাফ করে দেন। একজন আমাদের নরকের আগুনের ভয় দেখান, অন্যজন আমাদের সঠিক রাস্তা দেখান।

ভগবান দুধরনের। একজন আমাদের ভুলভ্রান্তি ধরিয়ে দিয়ে শাস্তি দেন, অন্যজন তাঁর ভালোবাসা দিয়ে আমাদের মুক্ত করে দেন।

মাইকেল এঞ্জেলোকে কোনো একজন একবার জিগ্যেস করেছিল এমন অসাধারণ শিল্পসৃষ্টি তিনি কীভাবে করেন।

মাইকেল উত্তরে বলেছিলেন, ‘এতো খুবই সহজ। আমি কাজ শুরু করার আগে থেকেই পুরো কাঠামোটা পাথরের মধ্যে তৈরি থাকে। আমি কেবল চারধারের বাড়তি অংশগুলো চেঁছে দিই।’

গুরু বললেন:

আমাদের প্রত্যেকের জন্যই এইরকম শিল্পকীর্তি নির্দিষ্ট করা আছে।

এটাই আমাদের জীবনের মূল মন্ত্র। আমরা যতই অস্বীকার করার চেষ্টা করি না কেন, আমাদের ভালো থাকার জন্য এটি খুবই গুরুত্বপূর্ণ। সাধারণত বছরের পর বছর ধরে ভয়, অনুশোচনা এবং ভুল সিদ্ধান্তের পরত এই শিল্পকর্মকে ঢেকে রাখে।

কিন্তু আমরা যদি সিদ্ধান্ত নিই যে, ওপরের আবরণকে সরিয়ে দেব, নিজেদের ক্ষমতাকে সন্দেহ করব না, তবে আমাদের ওপর যে কাজের ভার দেওয়া হয়েছে তা আমরা সফলভাবে সম্পন্ন করতে পারব। সম্মানের সঙ্গে বাঁচার এটাই রাস্তা।

মৃত্যুপথযাত্রী একজন বয়স্ক মানুষ, একজন যুবককে ডেকে তার নায়কোচিত কাজের গল্প শোনাতে লাগল। যুদ্ধ চলাকালীন কীভাবে সে একজনকে পালাতে সাহায্য করেছিল।

সে সেই পলাতক লোকটিকে থাকার জায়গা, খাবার আর নিরাপত্তা দিয়েছিল। যখন তারা পুনরায় সুরক্ষিত অবস্থানে ফিরে গেল, সেই মানুষটা, যাকে সে বাঁচিয়েছিল, সে আমাকে শত্রুর হাতে তুলে দিল।

'কিন্তু আপনি বাঁচলেন কীভাবে?' যুবকটি জিগ্যেস করল।

'বাঁচলাম কোথায়। আমিই সেই বিশ্বাসঘাতক।' বয়স্ক মানুষটি বলল। 'কিন্তু নিজেকে নায়ক বানিয়ে গল্পটি বলার কারণ হলো, আমি আরো ভালোভাবে বুঝতে পারব, সে আমার জন্যে কী করেছিল?'

গুরু বললেন:

ভালোবাসার প্রয়োজন আমাদের সকলের আছে। খাওয়া, পান করা, ঘুমোনোর মতোই ভালোবাসাও আমাদের জীবনের অঙ্গ। কখনও কখনও আমরা সম্পূর্ণ একা একা সূর্যাস্ত দেখি আর ভাবি:

'এমন অপরূপ দৃশ্যের কোনো মূল্য আমার কাছে নেই, কারণ কেউ এমন নেই যার সঙ্গে আমি এই সৌন্দর্য ভাগ করে নিতে পারি।'

সেই মুহূর্তে নিজেকে প্রশ্ন করা উচিত: কেউ যখন আমার কাছে ভালোবাসা প্রার্থনা করেছে, কবার আমি তার দিকে ঘুরে তাকিয়েছি? কবার আমি নিঃসঙ্কোচে সটান দাঁড়িয়ে কাউকে বলতে পেরেছি, আমি তাকে ভালোবাসি?

একাকিত্ব থেকে সাবধান। ওষুধ সেবনের মতোই এও এক নেশা। যদি সূর্যাস্ত তোমার কাছে মূল্যহীন হয় তবে বিনয়ের সঙ্গে ভালোবাসার খোঁজ করো। মনে রেখো, অন্যান্য আধ্যাত্মিক আশীর্বাদের মতো যত তুমি দেবার জন্য তৈরি থাকবে, ততই তুমি ফেরত পাবে।

একজন স্প্যানিশ ধর্মপ্রচারক একটি দ্বীপে ভ্রমণকালে তিনজন অ্যাজটেক পুরোহিতের মুখোমুখি হলেন।

'আপনারা কীভাবে প্রার্থনা করেন? ধর্মপ্রচারক জিগ্যেস করলেন।

একজন অ্যাজটেক পুরোহিত উত্তর দিলেন, 'আমরা একটাই প্রার্থনা করি। আমরা বলি: "প্রভু তোমরা তিনজন আর আমরাও তিন জন। আমাদের দয়া করবেন।" '

'আমি আপনাদের এমন প্রার্থনা শিখিয়ে দেব যা প্রভু অবশ্যই শুনবেন।' ধর্মপ্রচারক বললেন।

তিনি তাঁদের সনাতন (Catholic) প্রার্থনা শিখিয়ে দিয়ে সেখান থেকে চলে গেলেন।

স্পেনে ফেরার আগে সেই ধর্মপ্রচারক কিছু বছর আগে ঘুরে যাওয়া সেই দ্বীপটির কাছ দিয়ে যাচ্ছিলেন।

জাহাজ পাড়ের কাছাকাছি পৌঁছনোর সময় তিনি দেখলেন সেই তিন পুরোহিত জলের ওপর দিয়ে হাঁটছেন।

'ফাদার ফাদার, সেই প্রার্থনা আমাদের আর একবার শিখিয়ে দিন যা প্রভুর কাছে পৌঁছবে। আমরা ভুলে গেছি।'

পাওলো কোয়েলহো

'কিছু এসে যায় না,' অলৌকিক ঘটনা ঘটতে দেখে ধর্মপ্রচারক বললেন।

এরপর তিনি প্রভুর কাছে ক্ষমা চাইলেন এই বলে, সব প্রার্থনাই যে তাঁর কাছে সমানভাবে পৌঁছয় সেই কথাটা তিনি বুঝতে পারেননি।

স্প্যানিশ ক্যাথলিক যাজক জন অফ দ্য ক্রস- এর শিক্ষা হলো, আমাদের আধ্যাত্মিক পথ চলায় যারা আমাদের সহযাত্রী, তাদের কাছ থেকে কিছু আশা করা বা, তাদের কথা অন্ধের মতো অনুসরণ করার কোনো প্রয়োজন নেই। বিশ্বাসই আমাদের লাঠির কাজ করে। কারণ আমাদের অন্তরের বিশ্বাসই একমাত্র সরল এবং স্বচ্ছ বস্তু যা দ্বিধাহীনভাবে গ্রহণ করা যায়।

একজন লেখক পুরোহিতকে জিগ্যেস করল, ঈশ্বর সম্পর্কিত অভিজ্ঞতা ঠিক কেমন।

পুরোহিত বললেন, 'ঠিক বলতে পারব না, এই পর্যন্ত নিজের বিশ্বাস দিয়েই ঈশ্বরকে অনুভব করেছি।'

এটাই সত্য।

গুরু বললেন:

ক্ষমার রাস্তা দুমুখো।

অন্যকে ক্ষমা করার মধ্যে দিয়ে নিজেকেও ক্ষমা করা হয়ে যায়। অন্যের বিষয়ে যদি আমরা সহনশীল হই, নিজেদের ভুলত্রুটি মেনে নেওয়া অনেক সহজ হয়ে যায়। এভাবেই, অপরাধবোধ অথবা তিক্ততা ছাড়াই জীবনের প্রতি আমাদের মনোভাবকে আমরা বদলে ফেলতে পারি।

মুহূর্তের দুর্বলতার বশে আমরা যদি ঈর্ষা, হিংসা, অসহনশীলতাকে জীবনে প্রবেশ করতে দিই, তার ফলে যে অনুরণন আমাদের চারপাশে তৈরি হয়, সেই ঋণাত্মক অনুরণন আমাদের ক্রমশ গ্রাস করে ফেলে।

প্রভু যীশুর কাছে পিটার জানতে চাইলেন:

'প্রভু, আমার ভাই বা বোন, যারা আমার বিরুদ্ধে পাপ কাজ করেছে, কতবার তাদের ক্ষমা করব? সাত বার?'

যীশু বললেন, 'আমি বলব, সাত বার নয়, সাতাত্তর বার।'

ক্ষমার প্রক্রিয়া আমাদের চারপাশকে পরিচ্ছন্ন করে দেবত্বের প্রকৃত আলো ছড়িয়ে দেয়।

গুরু বললেন:

প্রাচীন গুরুরা শিষ্যদের চরিত্র গঠনে জোর দিতেন যাতে তারা তাদের চরিত্রের খারাপ দিকগুলোর সঙ্গে মোকাবিলা করতে পারে। চরিত্র গঠনের অনেক কাহিনী পরবর্তীকালে জনপ্রিয় রূপকথায় পরিণত হয়েছে।

প্রক্রিয়াটি খুবই সহজ: তোমার বাঁদিকে একজন কাল্পনিক মানুষকে দাঁড় করাতে হবে যাকে তুমি তোমার সমস্ত উদ্বেগ, ভয়, হতাশা সমর্পণ করবে। সে তোমার জীবনে খলনায়কের ভূমিকা নেবে যে এমন সব পরামর্শ তোমাকে দেবে যা তুমি গ্রহণ করতে চাও না, কিন্তু শেষমেশ গ্রহণ করতেই হয়। একবার যদি তুমি এই কাল্পনিক চরিত্র তৈরি করতে পারো, তার পরামর্শ অগ্রাহ্য করা সহজ হবে।

ব্যাপারটা খুবই সহজ, তাই কাজও করে ভালো।

শিষ্য প্রশ্ন করল, 'কীভাবে থাকলে আমি ভালো থাকব সেটা বুঝব কি করে?'

গুরু তাকে একটা টেবিল তৈরি করতে বললেন। কাজ যখন প্রায় শেষের দিকে, মাত্র কয়েকটা পেরেক পুঁতলেই হয়ে যাবে, গুরু তার কাছে গেলেন।

হাতুড়ির তিনটে আঘাতে শিষ্য একেকটি পেরেক পুঁতছিল।

একটা পেরেক সামন্য গোলমাল করল। শিষ্যকে সেই পেরেকে একটা বাড়তি ঘা লাগাতে হলো। সেই বাড়তি ঘা খেয়ে পেরেকটা গভীরে ঢুকে গিয়ে কাঠকে দুভাগ করে দিল।

গুরু বললেন, 'তোমার হাত তিনটে ঘা লাগাতেই অভ্যস্ত। অভ্যেসের দ্বারা যখন কিছু নিয়ন্ত্রিত হয় তখন সে তার মূল্য হারিয়ে ফেলে, কখনো কখনো ক্ষতিও করে।

'কাজকে কাজের মতোই দেখতে হবে। এই প্রসঙ্গে একটাই কথা প্রযোজ্য— তোমার গতিবিধিকে অভ্যাসের দ্বারা নিয়ন্ত্রিত হতে দিও না।'

স্পেনে সোরিয়া শহরতলীর কাছাকাছি একটি গুহামুখে এক আস্তানায় একজন সন্ন্যাসী বেশ কিছুকাল যাবৎ বাস করতেন যিনি নিজের হৃদয়ের কথা শুনে সাংসারিক সবকিছু পরিত্যাগ করে এই জীবন বেছে নিয়েছেন। পর্যটক তাঁর সঙ্গে দেখা করতে গেলে সন্ন্যাসী সুন্দরভাবে তাকে স্বাগত জানালেন।

গুহায় থাকা রুটি দুজনে ভাগ করে খাবার পর সন্ন্যাসী পর্যটককে অনুরোধ করলেন তাঁর সঙ্গে মাশরুম সংগ্রহের জন্য ঝরনার ধারে যেতে।

সেখানে যাবার পথে এক যুবক এগিয়ে এল।

'নমস্কার মহারাজ। আমি শুনেছি যে আধ্যাত্মিক আলোকপ্রাপ্ত হতে গেলে মাংস ভক্ষণ করা উচিত নয়। কথাটা কি ঠিক?' যুবকটি প্রশ্ন করল।

'জীবন তোমাকে যাকিছু প্রদান করবে আনন্দের সঙ্গে তা গ্রহণ করো। এর ফলে তুমি নিজের আত্মার প্রতি যেমন কোনো পাপ করছ না তেমন জগতের উদারতার বিরুদ্ধেও নিন্দেমন্দ করছ না।'

গুরু বললেন:

যাত্রাপথ যদি খুব কঠিন মনে হয় তাহলে অন্তরের কথা শোনো। নিজের কাছে যতটা সম্ভব সৎ থাকার চেষ্টা করো, এবং খেয়াল রেখো তোমার অন্তরাত্মার নির্দেশিত পথেই তুমি হাঁটছ তোমার স্বপ্নকে সফল করার জন্য।

এভাবে চলেও যদি দেখো যাত্রাপথ তখনও কঠিন, এইবার তুমি নালিশ জানাতে পারো। একটি শিশু যেভাবে তার পিতার কাছে নালিশ জানায়, সেইরকম শ্রদ্ধার সঙ্গে আরও সামান্য কিছু সাহায্য চাইতে পারো। ঈশ্বরই আমাদের পিতা এবং মাতা। অভিভাবক সব সময়ই চান তাঁর সন্তান ভালো থাকুক। হয়ত তিনি তোমাকে খুব পরিশ্রম করাচ্ছেন। সেক্ষেত্রে সামান্য বিশ্রাম এবং স্নেহ চাওয়াতে কোনো দোষ নেই।

তবে বাড়াবাড়ি কোরো না। সঠিক সময়ে নালিশ করেছিল জব, সব ভালো তার কাছে ফেরত এসেছিল। আল আফিদ যেহেতু সব বিষয়ে নালিশ করত, ঈশ্বর তার কথা শোনাই বন্ধ করে দিয়েছিলেন।

স্পেনের ভ্যালেন্সিয়া শহরে যে উৎসব হয়, তার একটা অদ্ভুত রীতি আছে। কাঠের কাজ যারা করেন তাদের প্রাচীন এক গোষ্ঠীর আমল থেকে এই প্রথা চলে আসছে।

শিল্পী এবং কারিগর মিলে কাঠের মস্ত সব শিল্পকীর্তি বানান। উৎসবের সপ্তাহে তারা এই সব বিশালাকার শিল্পকর্মগুলিকে বয়ে চার রাস্তার মোড়ে নিয়ে যান। সেই পথে চলাচল করা মানুষজন দাঁড়িয়ে দেখেন, মন্তব্য করেন, অবাক হন। সন্ত জোসেফের (Saint Joseph's Days) জন্য উৎসর্গিত দিনে এই সমস্ত শিল্পকলার মধ্যে একটিকে বেছে নিয়ে তাতে আগুন ধরিয়ে দেওয়া হয়। আকাশছোঁয়া এক অগ্নিশিখা তৈরি হয়, হাজার হাজার মানুষ দাঁড়িয়ে দেখে।

এই বহ্ন্যুৎসব দেখে একজন ইংরেজ মহিলা জিগ্যেস করেন, 'এই অযথা পরিশ্রমের প্রয়োজন কি?'

একজন স্পেনীয় মহিলা জবাব দেন, 'একদিন আপনিও মারা যাবেন, আপনার সৎকার হবে। কল্পনা করুন, সেই মুহূর্তে একজন দেবদূত ঈশ্বরের কাছে জানতে চাইছেন: "এই অযথা পরিশ্রমের কী প্রয়োজন ছিল?" '

একজন খুবই ধার্মিক এবং ঈশ্বরভক্ত মানুষ হঠাৎ আবিষ্কার করলেন যে তিনি সর্বস্বান্ত হয়ে গেছেন। ঈশ্বরের সাহায্য পাবেনই ধরে নিয়ে তিনি প্রার্থনা করতে শুরু করলেন:

'হে প্রভু, আমাকে লটারি জিততে সাহায্য করুন।'

বছরের পর বছর ধরে তিনি একই প্রার্থনা করে গেলেন এবং দরিদ্রই রইলেন।

এভাবেই একদিন তাঁর মৃত্যুর সময় এল এবং মৃত্যুর পর অত্যন্ত ধার্মিক হওয়ার দরুন তিনি সোজা স্বর্গে পৌঁছে গেলেন।

সেখানে পৌঁছে তিনি ভেতরে প্রবেশ করতে গররাজি হলেন। বললেন, সারাটা জীবন তিনি ধর্মমতে ভক্তিভরে চলেছেন কিন্তু তাও ঈশ্বর তাকে লটারি পেতে সাহায্য করেননি।

'ঈশ্বরের সব প্রতিশ্রুতিই মিথ্যা ছাড়া কিছু নয়।' রাগত ভাবে বললেন মানুষটি।

ঈশ্বর বললেন, 'তোমাকে সাহায্য করতে আমি সর্বদাই প্রস্তুত ছিলাম বৎস, কিন্তু একবারের জন্যেও তুমি লটারির টিকিট কেনোনি।'

চীন দেশের এক প্রাজ্ঞ মানুষ বরফে ঢাকা এক প্রান্তর দিয়ে হেঁটে যাচ্ছিলেন। সেখানে তিনি দেখলেন একজন মহিলা কাঁদছেন।

তিনি জানতে চাইলেন, 'আপনি কাঁদছেন কেন?'

'কারণ আমার অতীত আমার মনে পড়ে যাচ্ছে। আমার যৌবন, আয়নায় দেখা আমার সুন্দর মুখশ্রী, আমার ভালোবাসার মানুষ, সব। নিষ্ঠুর ঈশ্বর আমাকে স্মৃতিশক্তি দিয়েছেন বলে জীবনের বসন্তের সময়কাল আমার মনে পড়ে যাচ্ছে, আমার কান্না পাচ্ছে।'

প্রাজ্ঞ মানুষটি বরফাবৃত প্রান্তরের দিকে একদৃষ্টে চেয়ে রইলেন, তাঁর চোখ একটি বিশেষ বিন্দুতে নিবদ্ধ রেখে। স্বাভাবিকভাবেই মহিলা কান্না থামিয়ে জিগ্যেস করলেন:

'আপনি কী দেখছেন?'

'গোলাপের বাগান।' জ্ঞানী মানুষটি বললেন। 'ঈশ্বর উদারতার সঙ্গে আমাকেও স্মৃতি দিয়েছেন। তিনি জানেন, শীতকালে আমার বসন্তের কথা মনে পড়বে এবং তাতে আমার মুখে হাসি ফুটবে।'

গুরু বললেন:

জীবনে তুমি যা পেতে চাইছ তা পাওয়া মোটেই খুব সহজ নয়। কখনো কখনো বিপজ্জনকও বটে।

যখন আমরা কিছু চাই, সর্ব শক্তি দিয়ে তার জন্যে কাজ করি, জীবনের আসল মানে আমাদের কাছে পরিস্ফুট হয়।

যখন আমরা কিছু চাই, তার জন্যে যে দাম আমাদের দিতে হবে তা আমরা জানি।

স্বপ্ন সফল করার দাম দিতে হয়। হতে পারে তার জন্য আমাদের পুরনো কিছু অভ্যেস ত্যাগ করতে হবে, বাধা আসবে, হতাশা আসবে ইত্যাদি।

যত দামই দিতে হোক না কেন, নিজেদের চাহিদা পূরণ করতে না পারার থেকে সেই মূল্য কখনোই বেশি নয়। যদি কেউ নিজের অন্তরের কথা না শুনে জীবনে এগিয়ে যায়, একটা সময় তাকে শুনতেই হবে তার হৃদয় বলছে, 'অযথা সময় নষ্ট হলো।'

বিশ্বাস করো, কারুর পক্ষে এই শব্দগুলো শোনা হচ্ছে নিষ্ঠুরতম বিষয়।

কার্লোস কাস্তানেদা তার একটি বইতে লিখেছেন, একদিন তাঁর শিক্ষক তাকে প্যান্টের বেল্ট উল্টোদিকে করে পরতে বলেছিলেন। কাস্তানেদা তাই করেছিলেন এই ভেবে যে, তাঁকে কোনো শক্তিশালী শিক্ষা দেওয়া হলো।

মাসখানেক পরে তিনি তাঁর শিক্ষককে বললেন, তাকে এই জাদুকরী শিক্ষা অভ্যেস করানোর জন্য ধন্যবাদ। তিনি আগের থেকে অনেক দ্রুত শিখতে পারছেন।

'বেল্ট ঘুরিয়ে পরার ফলে আমি ঋণাত্মক শক্তিকে ধনাত্মক শক্তিতে রূপান্তরিত করতে পারছি।' তিনি বললেন।

শিক্ষক অট্টহাস্য করে উঠলেন।

'বেল্ট কখনো শক্তির রূপান্তর ঘটাতে পারে না! আমি তোমাকে এই কারণে ওইভাবে বেল্ট পরতে বলেছিলাম যাতে যতবার তুমি প্যান্ট পরবে, তোমার মনে পড়বে যে তুমি জাদুবিদ্যার শিক্ষার্থী। তোমার এই সচেতনতাই তোমায় পারদর্শী হতে সাহায্য করেছে, তোমার বেল্ট নয়।'

এক গুরুর শয়ে শয়ে শিষ্য। তারা সকলেই সঠিক সময়ে ধর্মকর্মের কাজ করত, প্রার্থনা করত, কেবল একজন বাদে। সে সারাক্ষণই নেশা করে থাকত।

মৃত্যুপথযাত্রী গুরু সেই নেশাড়ু শিক্ষার্থীকে ডেকে সমস্ত গোপন তথ্য দিয়ে গেলেন।

এর ফলে অন্যান্য শিক্ষার্থীরা রেগে আগুন হয়ে উঠল।

'এ অত্যন্ত অসম্মানজনক। আমরা এমন একজন গুরুর জন্য আত্মত্যাগ করেছি যিনি আমাদের গুণমান সম্পর্কে ওয়াকিবহাল নন।' তারা সমস্বরে বলল।

গুরু বললেন:

এমন একজনকে আমার এই গোপন তথ্য বলার প্রয়োজন ছিল যাকে আমি খুব ভালোভাবে জানি। যারা নিয়মিত ধর্মচর্চা করেছে তারা তাদের গর্ব, অহং, অসহনশীলতা সব লুকিয়ে করেছে। সেই কারণেই আমি এমন একজনকে বেছেছি যার ত্রুটি খুব সহজেই দেখা যায়, কেবলমাত্র নেশা করা।'

মৌন ভাবে এবং কঠোর সংযমে থাকেন এমন একজন সন্ন্যাসী হলেন মার্কোস গার্সিয়া। তাঁর কথায়:

'কখনো কখনো ঈশ্বর তাঁর দান করা আশীর্বাদ তুলে নেন। তিনি দেখতে চান ভক্ত তাঁকে কেবল সুযোগ সুবিধে প্রদানের বস্তু হিসেবে ভাবছে না তার চেয়ে বেশি কিছু ভাবছে। ঈশ্বর জানেন কতদূর অবধি পরীক্ষা নেওয়া যায়, সেই সীমারেখা তিনি পার করেন না।

'এই রকম সময়ে আমাদের বলা উচিত নয়, "ঈশ্বর আমাকে ত্যাগ করেছেন।" তিনি কখনোই তা করেন না। আমরাই বরং কোনো কোনো সময় তাঁকে ত্যাগ করি। যদি বা ঈশ্বর আমাদের পরীক্ষার সামনে ফেলেন, তাঁর থেকে ঢের ঢের বেশি তিনি আমাদের দেন, বেঁচে থাকতে গেলে যা যা দরকার।

'যদি কখনো মনে হয় আমরা তাঁর থেকে দূরে চলে যাচ্ছি, নিজেদেরই জিগ্যেস করা উচিত: আমাদের চলার পথে তিনি যা দিয়ে রেখেছেন তার সম্পূর্ণ সদ্ব্যবহার আমরা করছি কি?'

এমন একটা দিন বা সপ্তাহ কেটে যায় যে সময়ে কেউ আমাদের খোঁজ খবর করে না। মানবিক উষ্ণতা কমে গেলে বেঁচে থাকাটাই প্রশ্নবোধক হয়ে যায়।

গুরু বললেন:

নিজেদের ঘরের আগুনের দিকে আমাদের নজর দেওয়া উচিত। আরও বেশি বেশি কাঠ গুঁজে সেই আগুনকে বাড়িয়ে তুলে অন্ধকার জীবনকে আলোকিত করা উচিত। যখন আগুনে কাঠ ফাটার আওয়াজ হবে, সেই আগুন আমাদের অনেক গল্প কাহিনী শোনাবে, তখন আবার জীবনের আশা জেগে উঠবে।

আমরা যদি ভালোবাসতে পারি তবে ভালোবাসা পাবার যোগ্যতাও আমাদের আছে। এ শুধু সময়ের অপেক্ষা।

রাতের খাওয়া চলাকালীন কেউ একজন কাচের গ্লাস ভেঙে ফেলল।

'এটা শুভ লক্ষণ।' অতিথি বললেন। সেখানে উপস্থিত সকলেই বিষয়টা জানেন।

সেই দলে একজন ইহুদি পুরোহিত ছিলেন। তিনি প্রশ্ন করলেন, 'এটাকে কেন শুভ লক্ষণ বলা হয়?'

পর্যটকের স্ত্রী বললেন, 'আমি ঠিক জানি না। হতে পারে যে ভেঙেছে তাকে যাতে অস্বস্তিতে পড়তে না হয়, সেই কারণে বলা হয়।'

'না, এটা সঠিক কারণ নয়।' ইহুদি পুরোহিত বললেন। 'ইহুদি সংস্কৃতি অনুযায়ী আমাদের প্রত্যেকের সৌভাগ্য নির্দিষ্ট করা আছে, যা আমরা জীবনভর উপভোগ করি। যদি প্রয়োজনীয় জিনিসে আমরা সেই সৌভাগ্য ব্যবহার করি তাহলে তার থেকে আমরা সুদ পাই, অন্যথায় সেটা নষ্ট হয়।

'গ্লাস ভাঙলেও আমরা, ইহুদিরা "সৌভাগ্য" বলি তার কারণ হল, কাচের গ্লাস ভাঙলে তোমার সৌভাগ্যের অপব্যবহার হবে না, কিন্তু তোমার মনে হতে পারে সৌভাগ্যের অংশ বুঝি কমে গেল। তোমার সৌভাগ্য তোমারই থাকবে এবং তা তুমি অন্য দরকারি জিনিসে ব্যবহার করতে পারবে।'

মঠাধ্যক্ষ আব্রাহাম জানতেন কাছাকাছি থাকা মনাস্ট্রিতে একজন সন্ন্যাসী আছেন, জ্ঞানী মানুষ হিসেবে যাঁর নাম আছে।

আব্রাহাম গেলেন তাঁর সঙ্গে দেখা করতে। জিগ্যেস করলেন:

'আজ যদি আপনার বিছানায় একজন সুন্দরী মহিলাকে শুয়ে থাকতে দেখেন, আপনার ভাবনায় কি আসবে যে তিনি মহিলা নন?'

'তা আসবে না, তবে আমি নিজেকে সংযত করতে পারব।' সন্ন্যাসী জবাবে বললেন।

মঠাধ্যক্ষ বলে চললেন:

'যদি মরুভূমিতে সোনার মোহর দেখতে পান, সামান্য পাথর ভেবে সেগুলি এড়িয়ে যেতে পারবেন?'

'না। সেগুলি সংগ্রহ করার থেকে নিজেকে বিরত রাখতে পারব।'

এরপর আব্রাহাম জিগ্যেস করলেন:

'ধরুন, দুই ভাই আপনার সঙ্গে দেখা করতে এল। একজন আপনাকে ঘৃণা করে, অন্যজন আপনাকে ভালোবাসে। আপনি কি দুজনের সঙ্গে সমান ব্যবহার করতে পারবেন?'

সন্ন্যাসী উত্তর দিলেন :

'আমার যতই যন্ত্রণা হোক না কেন, দুজনকেই আমি সমানভাবে গ্রহণ করব।'

ফেরত এসে মঠাধ্যক্ষ শিক্ষানবিশদের বললেন:

'জ্ঞানী মানুষ বলতে কী বোঝায় সেটাই আমি তোমাদের আজ বলব। নিজের ভেতরের আগুনকে নিভিয়ে ফেলার বদলে যিনি তা নিয়ন্ত্রণ করতে পারেন, তিনিই জ্ঞানী। '

পশ্চিম আমেরিকার জয়ের সম্পর্কে সারাজীবন ধরে লিখে গেলেন ডব্লিউ. ফ্রেজিয়ার। গ্যারি কুপার অভিনীত ছবির চিত্রনাট্য নিজের বায়োডেটাতে জুড়তে পেরে অত্যন্ত গর্বিত হয়েছিলেন। তিনি বলেছিলেন:

'আমেরিকার অগ্রগণ্য মানুষদের কাছ থেকে আমি শিক্ষা গ্রহণ করি। তাঁরা রেড ইন্ডিয়ানদের সঙ্গে লড়াই করেছেন, মরুভূমি পেরিয়েছেন, প্রত্যন্ত জায়গায় খাবার এবং জলের সন্ধান করেছেন। সমসাময়িক সমস্ত দলিল একটা অত্যন্ত কৌতূহল জাগানো বিষয় দেখাচ্ছে, যেটা হলো: অগ্রগণ্য মানুষজন কেবলমাত্র ভালো জিনিসের কথাই লিখেছেন। তাঁরা যে যে সমস্যার সম্মুখীন হয়েছিলেন, সেগুলি সম্পর্কে নালিশ করার বদলে তাঁরা সেসব নিয়ে গান বেঁধেছিলেন, মজার চুটকি বানিয়েছিলেন। এভাবেই তাঁরা তাঁদের হতাশা এবং বিষণ্ণতাকে দূরে সরিয়ে রেখেছিলেন। আর আজ, এই অষ্টাশি বছর বয়েসে এসে, আমিও সেটাই করার চেষ্টা করছি।'

এই অংশটা জন মুইর (John Muir)-এর থেকে নেওয়া:

আমি আমার আত্মাকে মুক্ত করে দিতে চাই যাতে আত্মার প্রতি যে আশীর্বাদ বর্ষিত হয়, তা থেকে আমার আত্মাও যেন বঞ্চিত না হয়।

এটা যদি সম্ভব হয় তবে আমি চাঁদে গর্ত খুঁজতে বা সূর্যে সূর্যরশ্মির উৎস খুঁজতে যাব না। আমার জন্য উপযুক্ত নক্ষত্রের সৌন্দর্য বোঝার চেষ্টা করব না অথবা মানুষের তৈরি কৃত্রিম নিরানন্দতা বুঝতে যাব না।

যখন আমার আত্মাকে আমি মুক্ত করতে শিখে যাব, আমি সূর্যোদয়ের আলোকে অনুসরণ করব এবং তাই করতে থাকব।

আমি যখন আমার আত্মাকে মুক্ত করতে শিখে যাব, তখন আমি সমুদ্রের চুম্বকীয় স্রোতে ঝাঁপ দেব যেখানে সমস্ত জল এসে মিশে বিশ্বাত্মার সৃষ্টি হয়।

যখন আমার আত্মাকে মুক্ত করতে শিখে যাব, তখন নতুন করে সৃষ্টিতত্ত্বের অসাধারণ পৃষ্ঠাগুলি আমি আবার প্রথম থেকে পড়তে শুরু করব।

পাওলো কোয়েলহো

খ্রিস্ট ধর্মে পেলিকান পাখিকে শুভ হিসেবে মানা হয়। এর ব্যাখ্যা অতি সহজ: এক সময়ে যখন অন্যান্য খাবারের অভাব ছিল, পেলিকান-মা ঠোঁট দিয়ে নিজের বুকের মাংস ছিঁড়ে সেই রক্তমাংস ছানাদের খাইয়ে ছিল।

গুরু বললেন:

আমাদের প্রতি প্রদেও ঈশ্বরের আশীর্বাদ আমরা অনেক সময় বুঝতে অপারগ হই। আমাদের আধ্যাত্মিক পুষ্টির জন্য ঈশ্বর যা করেন, তা আমরা বুঝতে পারি না।

পেলিকান পাখি সম্পর্কে এরকম গল্প আছে। কোনো এক কঠিন শীতের সময়ে এক পেলিকান-মা আত্মত্যাগের বিনিময়ে বাচ্চাদের বাঁচিয়েছিল। নিজের বুকের মাংস ঠোঁট দিয়ে খুবলে খাইয়েছিল বাচ্চাদের। কিন্তু তা খুবই স্বল্প সময়ের জন্য। একদিন যখন সে নিজে অপুষ্টির কারণে মারা গেল, তখন একটি বাচ্চা অন্যটিকে বলল:

'ভালো হয়েছে। রোজ একই খাবার খেয়ে খেয়ে ক্লান্ত হয়ে গেছিলাম।'

যদি কোনো কাজে তুমি অতৃপ্তি বোধ করো— সে কাজ তোমার পছন্দের হলেও কোনোভাবেই হয়তো তুমি সফল হতে পারছ না— তাহলে তখনই থেমে যাও।

যদি তোমার কাজ সাফল্য না পায়, তার দুটো ব্যাখ্যা হতে পারে: হয় তোমার ধৈর্যের পরীক্ষা চলছে অথবা তোমাকে দিক পরিবর্তন করতে হবে।

ব্যাখ্যা দুটি বিপরীতমুখী হওয়াতে কোন পথটা ঠিক সেটা বেছে নেওয়ার জন্য নিজেকে শান্ত রেখে প্রার্থনায় বসতে হবে। ক্রমশ রহস্যময়ভাবে পরিস্থিতি স্বচ্ছ হয়ে উঠবে, ফলস্বরূপ নিজে সিদ্ধান্ত নেবার মতো দৃঢ়তা তোমার ভেতর আসবে।

সিদ্ধান্ত নিয়ে আর পেছন ফিরে দেখো না, ভাবতে বোসো না এটা ভালো না ওটা। নির্ভয়ে এগিয়ে যাও কারণ ঈশ্বর সাহসীদেরই সাহায্য করেন।

ব্রাজিলের লেখক ফার্নান্ডো সাবিনোর বাবা ডমিংগোস সাবিনো প্রায়শই তাঁর ছেলেকে বলতেন:

'সবকিছুর ভালো শেষেই হয়। যদি দেখো কোনো কাজ ঠিকঠাক হচ্ছে না, বুঝবে তুমি শেষে পৌঁছওনি।'

ব্রাজিলের সঙ্গীতপরিচালক নেলসন মোট্টা বাহিয়া নামক জায়গায় গেছেন। সেখানে থাকেন ধর্মগুরু মায় মেনিনিনহা দো গান্তোয়েস। নেলসন ঠিক করেন তাঁর সঙ্গে দেখা করবেন। তিনি একটি ট্যাক্সি নিয়ে রওনা দেন। দুর্ভাগ্যবশত ট্যাক্সির ব্রেক ফেল করে ব্যস্ত রাস্তার মাঝখানে গাড়িটি নিয়ন্ত্রণ হারিয়ে পাক খেয়ে থেমে যায়। মানসিকভাবে বিপর্যস্ত হলেও ড্রাইভার বা নেলসন অক্ষত থাকেন।

মায় মেনিনিনহার সঙ্গে দেখা হওয়ামাত্র নেলসন দুর্ঘটনার বিষয়ে বলেন। তিনি বলেন:

'কিছু কিছু ঘটনা আমাদের ভাগ্যে লেখা থাকে কিন্তু ঈশ্বর কোনোভাবে সেগুলো সামলে আমাদের নিরাপদে রাখেন। গাড়ি দুর্ঘটনা হবার কথা তোমার ভাগ্যে লেখাই ছিল, কিন্তু লক্ষ্য করে দেখো, সবই ঘটল কিন্তু কিছুই হল না।'

পর্যটকের বক্তৃতার শেষে একজন তীর্থযাত্রী বললেন, 'আপনার বক্তব্যে ক্যামিনো দে সান্তিয়াগো (তীর্থযাত্রীদের একটি পথ) সম্পর্কে কিছু জিনিস উল্লেখ করেননি।' আমি লক্ষ্য করে দেখেছি ক্যামিনোর পথেই হোক কি জীবনের চলার পথে, তীর্থযাত্রীরা দলবদ্ধ হয়ে চলতেই পছন্দ করে।

'যাত্রার শুরু দিকে আমি আমার দলের সঙ্গেই চলছিলাম, কিন্তু তাল রাখতে গিয়ে আমি ক্লান্ত হয়ে পড়ছিলাম। আমার শরীরের ওপর চাপ পড়ছিল। আমি উদ্বিগ্ন হয়ে পড়ে গিয়ে বাঁ পায়ের পেশিতে চোট পেলাম।

'পায়ের অবস্থা এমন হলো যে আমি দুদিন হাঁটতেই পারলাম না। তখন আমি অনুভব করলাম, সান্তিয়াগো দে কম্পোস্তেলা পৌঁছতে গেলে আমাকে নিজের ছন্দে চলতে হবে।

'আমি অনেক ঘুরপথে একা চলতে শুরু করলাম। অন্যদের তুলনায় আমার সময়ও বেশি লাগল কিন্তু নিজের মতো সম্মানের সঙ্গে চলে আমি সেই কাঙ্ক্ষিত তীর্থে পৌঁছতে পারলাম। এরপর থেকে জীবনের প্রতিটা ক্ষেত্রে আমি এই নিয়মই অনুসরণ করি।'

লিডিয়ার রাজা ক্রোয়েসাস পারস্য দেশকে আক্রমণ করতে বদ্ধপরিকর ছিলেন। তার আগে ডেল্ফির প্রধান পুরোহিতের (Greek oracle of Delphi) সঙ্গে এই বিষয়ে পরামর্শ করবেন স্থির করলেন।

'বিশাল সাম্রাজ্য ধ্বংস করতেই তুমি এসেছ।' পুরোহিত বললেন।

এই ভবিষ্যৎবাণীতে খুশি হয়ে রাজা যুদ্ধ ঘোষণা করলেন। দুদিন যুদ্ধের পরেই পারসিক বাহিনী লিডিয়া দখল করে নিল, রাজাকে বন্দী করল। রাগে অগ্নিশর্মা হয়ে ক্রোয়েসাস গ্রিসের দূতকে পাঠালেন সেই পুরোহিতের কাছে বলতে যে, তারা প্রতারিত হয়েছেন।

সব শুনে পুরোহিত বললেন, 'না, তোমরা প্রতারিত হওনি, তোমরা এক বিশাল সাম্রাজ্য লিডিয়াকে ধ্বংস করেছ আর এটাই আমি বলেছিলাম।'

গুরু বললেন:

সঠিক পথে চলার জন্য ঈশ্বর কিছু চিহ্ন দিয়ে রাখেন। কিন্তু হামেশাই আমরা সেসব চিহ্নকে বিকৃত করে ফেলি। তখন সেগুলি আমাদের চাহিদামতো কাজ করে।

মেগাস, মেজাইয়ের চতুর্থ সভ্য (fourth member of Magi) সম্পর্কে লেখক ফেলিস লিওনার্ডো বাসক্যাগলিয়া এই গল্পটি বলেছেন। বেথলেহেমের মাথায় জ্বলজ্বলে তারা সেও দেখেছিল কিন্তু সর্বদাই তার পৌঁছতে দেরি হবার দরুন যীশুর জন্ম দেখা হয়ে ওঠেনি। যাবার পথে গরিব, অসহায় মানুষকে সাহায্য করতে তাকে থামতেই হতো।

তিরিশ বছর ধরে যীশুকে ইজিপ্ট, গ্যালিলি এবং বেথানিতে অনুসরণ করতে করতে অবশেষে মেগাস জেরুজালেমে পৌঁছল। তখন প্রচুর দেরি হয়ে গেছে। ছোট্ট যীশু বড়ই শুধু হয়নি, সেদিনটা ছিল তাঁর ক্রুশবিদ্ধ হবার দিন। যীশুকে উপহার দেবার জন্য মেগাস কিছু মুক্তো কিনেছিল। কিন্তু যাত্রাপথে দরিদ্র মানুষকে সাহায্য করতে গিয়ে একটি ছাড়া সবকটাই বিক্রি করে টাকার জোগাড় করতে হয়েছিল তাকে। সেই একটি মুক্তো দিতে মেগাস যখন পৌঁছল, যীশু তখন মৃত।

'জীবনের লক্ষ্যে আমি চূড়ান্ত অসফল,' মেগাস ভাবল।

সে সময় একটি কণ্ঠস্বর তার কানে এল:

'মোটেই নয়, আমি তো বলব তোমার এতদিনের জীবনযাত্রায় প্রতিমুহূর্তে আমার সঙ্গে তোমার দেখা হয়েছে। আমি উলঙ্গ ছিলাম, তুমি আমাকে কাপড় দিয়েছ। আমি অভুক্ত ছিলাম, তুমি আমাকে খাবার দিয়েছ। আমি কারাগারে ছিলাম, তুমি আমার কাছে এসেছ। আমি সেই সব গরিব মানুষের মধ্যে ছিলাম যাদের তুমি এতকাল ধরে সাহায্য করেছ। এত ভালোবাসাভরা উপহারের জন্য তোমাকে ধন্যবাদ জানাই।'

কল্পবিজ্ঞানের একটা গল্পে বর্ণিত আছে এমন একটা সমাজ যেখানে মানুষের জন্মই হয় বিশেষ বিশেষ কাজ করতে। কেউ ইঞ্জিনিয়ার হয়ে জন্মাচ্ছে, কেউ প্রযুক্তিবিদ তো কেউ কারিগর হয়ে। যে সমস্ত মানুষ এ ধরনের কোনো বিশেষ ক্ষমতা নিয়ে জন্মায় না, তাদের পাগলাগারদে পাঠিয়ে দেওয়া হয় কারণ তারা সমাজের জন্যে কিছু করতে অক্ষম।

পাগলাগারদে থাকা একজন প্রতিবাদ করল। সেখানে একটা পাঠাগার ছিল। প্রতিবাদী চাইছিল সেই পাঠাগারে গিয়ে বিজ্ঞান ও কলাবিষয়ক সমস্ত বইপত্র পড়ে জ্ঞান লাভ করতে।

'স্বাগত,' পাগলাগারদে কর্মরত একজন বললেন। 'আপনাদের মতো মানুষ যারা নিজেদের পথ বেছে নিয়ে এগোতে জানেন আমরা তাদেরই প্রশংসা করি। এখন থেকে আপনার যা ইচ্ছে আপনি তাই করতে পারেন কারণ আপনাদের মতো মানুষদের সাহায্যেই পৃথিবীর উন্নতি সম্ভব।'

দূরদেশে যাত্রাকালে এক ব্যবসায়ী তার স্ত্রীকে বিদায় সম্ভাষণ জানাল।

স্ত্রী বলল, 'যে ধরনের উপহার আমার প্রাপ্য তা আমাকে কোনোদিনই দাওনি। আশাকরি এবার পাব।'

'তুমি খুবই অকৃতজ্ঞ মহিলা। যাকিছু তোমাকে দিয়েছি, তা আমার বহু বছরের কঠোর পরিশ্রমের ফল। এর থেকে বেশি আর কীই বা দিতে পারি আমি?'

'এমন কিছু যা আমার মতোই সুন্দর।'

দু বছর যাবৎ স্ত্রী তাঁর উপহারের অপেক্ষায় রইল। অবশেষে তার স্বামী ফিরে এসে বলল:

'তোমার মতোই সুন্দর উপহার আমি খুঁজে পেয়েছি। তোমার অকৃতজ্ঞতার কারণে আমি দুঃখ পেলেও তোমার উপহারের ব্যাপারে মনে মনে দৃঢ় প্রতিজ্ঞ ছিলাম। বলতে গেলে, সারাক্ষণই চিন্তার মধ্যে থাকতাম যে, এমন কোন উপহার আছে যা তোমার মতোই সুন্দর! অবশেষে তা খুঁজে পেয়েছি।'

একটি ছোট্ট আয়না হাতে নিয়ে দাঁড়ায় সে।

জার্মান দার্শনিক ফ্রেড্রিক নিয়েতসে (Friedrich Nietzsche) বলেছিলেন:

'সমস্ত কিছু নিয়ে তর্ক করার কোনো মানে হয় না। মাঝেমধ্যে ভুল করা মানুষের ধর্ম।'

গুরু বললেন:

কিছু কিছু মানুষ আছে যারা ছোটখাটো জিনিসও নিখুঁতভাবে সম্পন্ন করতে মরিয়া হয়ে যায়। সাধারণত আমরা ভুলভ্রান্তি করতে চাই না। কিন্তু ভুল হয়ে যেতে পারার যে ভয় আমাদের মনে চেপে বসে, তা আমাদের এগিয়ে যেতে বাধা দেয়।

ভুলভ্রান্তি করার ভয় হল সেই দরজা যা মধ্যমানের রাজপ্রাসাদের কারাগারে আমাদের বন্দী করে রাখে। আমরা যদি সেই ভয়কে জয় করতে পারি, তাহলে স্বাধীনভাবে চলার দিকে অনেক বড় পদক্ষেপ নিতে পারব।

ইজিপ্টের এক মনাস্ট্রিতে একজন শিক্ষানবিশ সাধুমহারাজ নিস্টেরসের কাছে জানতে চাইল:

'ঈশ্বরকে তুষ্ট করার জন্য আমার কী করা উচিত?'

সাধুমহারাজ বললেন:

'অ্যাব্রাহাম অপরিচিত লোককে স্বাগত জানাল, ঈশ্বর খুশি হলেন। এলিজা অপরিচিত মানুষ পছন্দ করে না, ঈশ্বর তাতেও খুশি। ডেভিড নিজের কাজ নিয়ে গর্বিত, ঈশ্বর খুশি। মন্দিরের প্রণামী সংগ্রাহক নিজের কাজ নিয়ে লজ্জিত, তাতেও ঈশ্বর খুশি। সাধু জন অরণ্যে গেলেন, ঈশ্বর খুশি হলেন। জোনাহ গেল নিনেভ নামক বড় শহরে, ঈশ্বর তাতেও খুশি হলেন।

'তোমার অন্তরাত্মাকে জিগ্যেস করো সে কী চায়। যখন আমাদের অন্তরাত্মা তার স্বপ্নের সঙ্গে একাত্ম হয়, ঈশ্বরের অন্তর আনন্দে পূর্ণ হয়ে ওঠে।

এক বৌদ্ধ শিক্ষক তাঁর ছাত্রদের নিয়ে পায়ে হেঁটে পরিভ্রমণে চলেছেন। তিনি লক্ষ্য করলেন, কে বেশি ভালো তাই নিয়ে তারা নিজেদের ভেতর তর্ক করছে।

'আমি বিগত ১৫ বছর যাবৎ ধ্যান চর্চা করছি।' এক ছাত্র বলল।

'যবে থেকে আমি ঘর ছেড়েছি তবে থেকে আমি দানধ্যান করি।' অন্যজন বলল।

'আমি সদা সর্বদা গৌতম বুদ্ধর শিক্ষা অনুসরণ করি।' তৃতীয়জন বলল।

মধ্যাহ্নে তারা একটি আপেল গাছের নীচে বিশ্রাম নিতে বসল। আপেল গাছটির ডাল ভর্তি ফল। ফলের ভারে গাছের ডালগুলো প্রায় মাটির সঙ্গে ঠেকে আছে।

এই দেখে শিক্ষক বললেন;

'যখন গাছে ফল ভর্তি থাকে তখন ডালগুলো মাটি ছুঁয়ে থাকে। একইভাবে যে সত্যিকারের গুণী সে বিনয়ী হবে,তার পা মাটিতে থাকবে। ফলহীন ডাল উদ্ধত থাকে। সেইরকমই বোকা মানুষ সর্বদাই নিজেকে অন্যদের থেকে চালাক ভাবে।'

শেষ নৈশভোজে যীশু তাঁর দুই ধর্মপ্রচারকের বিরুদ্ধে গুরুতর অভিযোগ আনলেন। তারা যে অন্যায় কাজ করবে তা যীশু আগে থেকেই জানতেন।

জুডাস ইসক্যারিয়ট নিজের ভুল বুঝতে পেরে আত্মঘাতী হল। নিজে যা বিশ্বাস করত তা যে ভুল, তিনবার অস্বীকার করার পরে পিটারও তা বুঝতে পারল।

সিদ্ধান্ত গ্রহণের চূড়ান্ত মুহূর্তে, পিটার যীশুর বার্তার অর্থ বুঝতে সক্ষম হল। যতটা সম্ভব বিনয়ের সঙ্গে এবং অপমান সহ্য করে সে ক্ষমা প্রার্থনা করল।

পিটারও আত্মঘাতী হতে পারত কিন্তু অন্যান্য ধর্মপ্রচারকদের সঙ্গে কথা বলে সে যা বলল তা এইরকম:

'যতদিন মনুষ্য জাতি থাকবে, আমার ভুলভ্রান্তি নিয়ে হয়ত আলোচনা হবে, আমি চাই আমাকে ভুল শুধরে নেবার সুযোগ দেওয়া হোক।

পিটার বুঝেছে ভালোবাসাই হলো ক্ষমা, জুডাস সেটা বোঝেনি।

মাকতুব

এক বিখ্যাত লেখক তার বন্ধুর সঙ্গে রাস্তা দিয়ে হেঁটে যাচ্ছিলেন। সেই সময়ে একটি ছোট ছেলে রাস্তা পার হচ্ছিল। সে খেয়াল করেনি যে একটা ট্রাক প্রচন্ড গতিতে ছুটে আসছে। সেকেন্ডের ভগ্নাংশেরও কম সময়ে লেখক ঝাঁপিয়ে পড়ে ছেলেটিকে বাঁচালেন। অন্যান্যরা ভদ্রলোককে অভিনন্দিত করার আগেই তিনি ছেলেটির গালে থাপ্পড় মারলেন এবং বললেন:

'তোমার মুখ দেখে আমি তোমাকে বাঁচাইনি। বড় হবার পথে তোমাকে যে সমস্ত সমস্যার মুখোমুখি হতে হবে তার থেকে যাতে তুমি পালাতে না পারো, তার জন্যে তোমাকে বাঁচিয়েছি।'

গুরু বললেন:

ভালো কাজ করেও আমরা অনেক সময়ে বিড়ম্বনা বোধ করি। আমরা যখন উদারতার সঙ্গে কিছু করি, আমাদের অপরাধবোধ খোঁচাতে থাকে, যেন আমরা অন্যকে মুগ্ধ করার জন্য বা ভগবানকে "ঘুষ" দিতে উদারতা দেখিয়েছি ইত্যাদি ইত্যাদি। মানুষের স্বভাব যে আদতে ভালোই সেই সত্যিটা আমরা মেনে নিতে পারি না। দয়ার বহিঃপ্রকাশকে আমরা বিদ্রুপ অথবা উদাসীনতা দিয়ে ঢেকে রাখি। ভাবটা এমন, যেন ভালোবাসা মানেই হলো দুর্বলতা।

পৃথিবীতে তাঁর সময়কালকে কোন জিনিসটা দিয়ে চিহ্নিত করা যায় ভেবে তিনি নীচে টেবিলের দিকে তাকালেন। তাঁর সামনে রয়েছে গ্যালিলির বেদানা, দক্ষিণের মরুভূমির মশলা, সিরিয়ার শুকনো ফল এবং মিশরের খেজুর।

তিনি হাত বাড়িয়ে কোনো একটিকে আশীর্বাদ দিতে যাচ্ছিলেন যখন হঠাৎই তাঁর মনে হল, তাঁর আশীর্বাদধন্য জিনিস তিনি পৌঁছে দিতে চান পৃথিবীর সমস্ত মানুষের কাছে, সেক্ষেত্রে বেদানা বা খেজুর তো পৃথিবীর সর্বত্র পাওয়া যায় না।

নিজের দিকে তাকিয়ে তিনি আরো একটি চিন্তায় মগ্ন হলেন: মানুষের হাতের স্পর্শ ছাড়াই বেদানা, খেজুর বা অন্যান্য ফলমূল সৃষ্টির এক অনবদ্য উদাহরণ।

এরপর তিনি একটা রুটি হাতে তুলে নিলেন, ছিঁড়ে তাঁর শিষ্যদের দিয়ে বললেন:

'নাও, খাও, এই হলো আমার শরীর।'

কারণ রুটি সর্বত্র পাওয়া যায় এবং খেজুর, বেদানা বা সিরিয়ার শুকনো ফলের তুলনায় রুটিই হলো ঈশ্বরপ্রাপ্তির উপযুক্ত চিহ্ন। এ হলো মাটি এবং মানুষের পরিশ্রমের ফসল।

চৌরাস্তায় দাঁড়িয়ে এক মাদারি হাতে তিনটে কমলালেবু নিয়ে ভোজবাজি দেখাচ্ছিল। একটা করে লেবু বাতাসে ছুঁড়ে দিচ্ছিল এবং দ্বিতীয়টা ছোঁড়ার আগে আগেরটা লুফে নিচ্ছিল। তার চলনের ভঙ্গি এবং দক্ষতা দেখে পথচলতি মানুষ অবাক হয়ে দাঁড়িয়ে পড়ছিল।

'জীবনটা ঠিক এইরকম।' কেউ একজন পর্যটককে বলল। সর্বদাই আমাদের একটা লেবু হাতে থাকে তো আর একটা লেবু বাতাসে থাকে। আর এইখানেই তফাৎ হয়ে যায়। অনেক দক্ষতার সঙ্গে বুঝেশুনে লেবুকে বাতাসে ছোঁড়া হল আর তারপর সে তার নিজের মতো রাস্তা নিয়ে নিল। ধরো, ওই মাদারির মতো, আমরা কোনো একটা স্বপনকে মহাবিশ্বে ছুঁড়ে দিলাম। কিন্তু সব সময় যে তার ওপর আমাদের নিয়ন্ত্রণ থাকবে, তা নয়। তখন আমাদের ঈশ্বরের কাছে আত্মসমর্পণ করে বলতে হবে, পরবর্তীতে সেই স্বপ্ন যেন তার নিজস্ব মর্যাদা নিয়ে পথে চলে এবং সফল হয়ে আমাদের হাতে এসে পড়ে।

অন্তরাত্মাকে জাগিয়ে তোলার সবচেয়ে শক্তিশালী পন্থা হচ্ছে স্বতঃস্ফূর্তভাবে আমরা যে কাজগুলো করি যেমন, শ্বাসপ্রশ্বাস নেওয়া, চোখ পিটপিট করা অথবা, চারপাশে লক্ষ্য রাখা— এই সবকে আরও বেশি গুরুত্ব দেওয়া।

আমরা যদি এভাবে করি তাহলে, নিজেদের কামনা বাসনার চাহিদা ছাড়াই মস্তিষ্ক স্বাধীনভাবে কাজ করতে পারবে। যে সমস্ত সমস্যার কোনো সমাধান হতো না, সেগুলিও মিটে যাবে। কিছু কাজ যেগুলো করা অসম্ভব মনে হতো, সেসব অনায়াসে করে ফেলা যাবে।

গুরু বললেন:

কঠিন অবস্থার মুখোমুখি হলে এই উপায় অবলম্বন করে দেখতে পারো। এতে সামান্য অনুশীলন লাগলেও ফলাফল চমকপ্রদ হবে।

বাজারে একজন বিক্রেতা ফুলদানি বিক্রি করছে। এক মহিলা এসে জিনিসগুলো দেখছেন। কিছু ফুলদানি সাধারণ, তাতে নক্সা করা নেই আবার কিছু ফুলদানিতে খুব সুন্দর লতাপাতা নক্সা করা আছে।

মহিলা দাম জিগ্যেস করে যারপরনাই অবাক হয়ে গেলেন কারণ সব ফুলদানিরই এক দাম।

'নক্সা করা ফুলদানির দাম কী ভাবে বিনা নক্সার ফুলদানির দামে হতে পারে? নক্সা করতে তো বেশি সময় লেগেছে?' মহিলা বললেন।

'আমি একজন শিল্পী। আমি যে ফুলদানিটা বানিয়েছি তার দাম নিতে পারি, সৌন্দর্যের নয়। সৌন্দর্যের দাম হয় না।' বিক্রেতা বলল।

পাওলো কোয়েলহো

চার্চ থেকে বেরিয়ে আসার পর পর্যটকের একা লাগছিল আর সেই মুহূর্তে তার এক বন্ধু এসে হাজির হলেন।

'তোমার সঙ্গে কথা বলা দরকার।' বন্ধুটি বললেন।

পর্যটকের মনে হলো, বন্ধুর এই সময় চলে আসা ঈশ্বর-প্রেরিত এবং তিনি সারাদিনে ঘটে চলা সমস্ত ঘটনা তাকে বলে যেতে লাগলেন। তিনি ঈশ্বরের ভালোবাসা সম্পর্কে বললেন, তাঁর আশীর্বাদ সম্পর্কে বললেন। তিনি বললেন, খানিক আগে তাঁর খুবই একা লাগছিল এবং দেবদূত তা লক্ষ্য করে বন্ধুকে পাঠিয়ে দিয়েছেন। এখন তিনি আর একা বোধ করছেন না।

পর্যটকের বলা সমস্ত কথা বন্ধুটি চুপচাপ শুনলেন এবং ধন্যবাদ জানিয়ে চলে গেলেন।

খুশি হবার বদলে পর্যটকের আরও একা লাগতে লাগল। পরক্ষণেই পর্যটক বুঝতে পারলেন যে, বন্ধুকে পেয়ে অতি উৎসাহে বন্ধুর যা বলার ছিল তা না শুনে তিনি কেবল নিজের কথাই বলে গেছেন।

পর্যটক জমির দিকে তাকালেন। দেখলেন তাঁর কথাগুলো রাস্তার দুধারে ছড়িয়ে ছিটিয়ে আছে কারণ মহবিশ্ব সেই সময়ে অন্য কিছু দাবী করেছিল।

যুবরাজ খ্রিস্টান ধর্মে দীক্ষিত হবে। সেই অনুষ্ঠানে তিনজন পরী নিমন্ত্রিত ছিল। যুবরাজ যাতে সত্যিকারের ভালোবাসা খুঁজে পায়, প্রথম পরী সেই উপহার দিল। দ্বিতীয় পরী ইচ্ছেমতো খরচ করার টাকা উপহার দিল। তৃতীয়জন যুবরাজকে সুদর্শন হয়ে ওঠার উপহার দিল।

কিন্তু— যেমন প্রত্যেক রূপকথার গল্পে থাকে— এক ধূর্ত ডাইনি এসে উপস্থিত হলো। তাকে নিমন্ত্রণ জানানো হয়নি বলে রাগে অগ্নিশর্মা হয়ে সে যুবরাজকে অভিশাপ দিল:

'যেহেতু তুমি সবকিছুই পেয়ে গেছ, তাও আমি তোমাকে আরও দেব। যাকিছুই তুমি করবে, সবেতে তোমার প্রতিভার পরিচয় থাকবে।'

যুবরাজ বড় হয়ে অত্যন্ত সুদর্শন এবং ধনী হল। সে তার ভালোবাসা খুঁজে পেল। কিন্তু যে কাজের জন্য তার পৃথিবীতে আসা, তা কিছুতেই পূরণ করতে পারছিল না। সে চমৎকার ছবি আঁকতে পারত, অসাধারণ মূর্তি গড়ত, তাছাড়াও সাহিত্যে, সঙ্গীতে এবং অংকে তার দুর্দান্ত দখল ছিল। কিন্তু কোনো কাজই সে শেষ করতে পারত না কারণ, খুব সহজেই তার মনোসংযোগ নষ্ট হয়ে যেত এবং অন্য কাজের দিকে মন চলে যেত।

গুরু বললেন:

সব পথই এক জায়গায় গিয়ে মিশেছে, কিন্তু তুমি নির্দিষ্ট একটি পথ নির্বাচন করো এবং তাতে শেষ অবধি লেগে থাকো। সব পথ অনুসরণের চেষ্টা কোরো না।

অষ্টাদশ শতাব্দীর কোনো এক অনামী পুঁথিতে রাশিয়ার একজন সাধুর কথা জানা যায় যিনি আধ্যাত্মিক গুরুর খোঁজে ছিলেন।

তিনি খবর পেলেন কোনো এক গ্রামে এক সন্ন্যাসী আছেন যিনি আত্মার মুক্তির জন্য প্রাণপাত করছেন। সেই পবিত্র মানুষের সন্ধানে সাধু বেরিয়ে পড়লেন।

'আমি চাই আধ্যাত্মিক পথে আত্মার চলনে আপনি আমাকে সাহায্য করুন।' সাধু বললেন।

'আত্মার নিজস্ব পথ আছে এবং আপনার জন্য নির্দিষ্ট দেবদূত আপনাকে সাহায্য করবেন। নিরন্তর প্রার্থনা করুন।' সন্ন্যাসী বললেন।

'ওইভাবে প্রার্থনা করতে তো আমি জানি না। আমি চাই আপনি আমাকে শেখান।'

'আপনি যদি নিরন্তর প্রার্থনা করতে না জানেন, ঈশ্বরকে ডাকুন এবং বলুন আপনাকে শিখিয়ে দিতে।'

'আপনি আমাকে কিছুই শেখাচ্ছেন না।' সন্ন্যাসী বললেন।

'কিছুই শেখাবার নেই। যেভাবে অঙ্ক শেখা যায় সেভাবে বিশ্বাস করা শেখানো যায় না। বিশ্বাসের রহস্যময়তাকে গ্রহণ করুন, মহাবিশ্ব নিজেই তালা খুলে দেবে।

পাওলো কোয়েলহো

স্পেনের কবি অ্যান্তোনিও মাসাদোর কবিতা:

হে পর্যটক, এ পথ তোমারই তৈরি
শুধুমাত্র তোমার পদচিহ্ন দিয়ে, আর কিছু নয়;
হে পর্যটক, পূর্বে এখানে পথ ছিল না,
তোমার চলাচলেই এই পথের সৃষ্টি,
তুমিই হেঁটে হেঁটে তৈরি করেছ এই পথ
আর যখন তুমি পেছন ফিরে দেখবে,
দেখতে পাবে তোমার সৃষ্ট সেই পথ,
যে পথে তুমি আর কখনও হাঁটবে না,
হে পর্যটক, পথ কোথাও নেই,
শুধুমাত্র সমুদ্রে জাহাজের রেখে যাওয়া রেখা ছাড়া।

গুরু বললেন:

লেখো। সেটা চিঠি হতে পারে, ডায়েরি লেখা হতে পারে অথবা ফোনে কথা বলতে বলতে আঁকিবুঁকি কাটাও হতে পারে।

লেখার মাধ্যমেই আমরা ঈশ্বরের কাছাকাছি এবং আমাদের সঙ্গী মানুষের কাছাকাছি পৌঁছতে পারি।

এই জগতে নিজের ভূমিকা সম্পর্কে যদি তোমার বিন্দুমাত্র ধারণা থাকে, তবে লেখো। সমস্ত অন্তর দিয়ে লেখো। কেউ তোমার লেখা না পড়লেও ক্ষতি নেই। অথবা যে লেখা তুমি অন্যকে পড়তে দিতে চাও না, সে লেখা যদি কেউ পড়ে ফেলে, তাতেও অসুবিধে নেই। মোদ্দা কথা হলো, লেখা আমাদের চিন্তাভাবনাকে সংগঠিত করে, আমাদের চারপাশের পৃথিবীকে আরও স্পষ্ট ভাবে দেখতে শেখায়। এক টুকরো কাগজ আর কলম অসাধ্য সাধন করতে পারে— দুঃখকে প্রশমিত করতে পারে, স্বপ্ন সত্যি করতে পারে, মৃতপ্রায় আশাকে পুনরুজ্জীবিত করে তুলতে পারে।

শব্দই শক্তি।

মরু সন্ন্যাসীদের কথা অনুযায়ী, আমাদের জন্য নির্দিষ্ট দেবদূতদের স্বাধীনভাবে কাজ করতে দেওয়া উচিত। এই মনোভাব অনুসরণ করে বলেই তারা মাঝেমধ্যে আজব আজব কাজ করে। যেমন, ফুলের সঙ্গে কথা বলা বা, অকারণে হেসে ওঠা। যারা অ্যালকেমি ব্যবহার করে, তারা "ঈশ্বরের চিহ্ন" অনুসরণ করে, এগুলি এমন কিছু চিহ্ন যার আদৌ কোনো মানে নেই কিন্তু সর্বদাই একটা লক্ষ্যে পৌঁছে দেয়।

গুরু বললেন:

কে তোমাকে পাগল বলল তা নিয়ে মাথা ঘামিও না। যা কিছু যুক্তিগ্রাহ্য শিক্ষা তুমি পেয়েছ, তার বিরুদ্ধে যাও। সামান্য মাত্রায় অবোধ হও। এই সামান্য, অতি সামান্য কাজ তোমার সামনে রোমাঞ্চকর অভিযানের দরজা খুলে দেবে— আধ্যাত্মিক এবং মানবিক।

একজন লোক তার চটকদার মার্সিডিজ বেঞ্জ চালিয়ে যাচ্ছিল। হঠাৎ গাড়ির টায়ার ফেটে গেল। টায়ার বদলাতে গিয়ে সে দেখল, তার কাছে জ্যাক নেই।

'ঠিক আছে। প্রথম যে বাড়ি পাব সেখানে গিয়ে জ্যাক ধার চাইব।' চিন্তা করতে করতে সে এগোতে লাগল।

'বাড়ির মালিক যখন আমার গাড়িটা দেখবে, সে নিশ্চয়ই জ্যাক ধার দেবার দরুন টাকা চাইবে।' লোকটা ভাবল। 'দশ ডলার চাইতে পারে। পঞ্চাশ ডলারও চাইতে পারে কারণ, সে বুঝতে পারবে যে, জ্যাকটা আমার খুবই দরকার। সেই সুযোগ সে ছাড়বে না, বরং তার জন্যে একশো ডলারও দাবি করতে পারে।'

হাঁটতে হাঁটতে লোকটির মাথায় দাম চড়তে থাকে।

যখন সে প্রথম বাড়ির দোড়গোড়ায় পৌঁছয়, মালিক দরজা খুলল।

'তুমি কি চোর নাকি? চুরি করতে এসেছ? জ্যাক এমন কিছু দামী জিনিস নয়, তুমি ওটা রেখে দিতে পারো।'

কে বলতে পারে এমন ঘটনা আমাদের সঙ্গে ঘটেনি?

মিল্টন এরিকসন এমন এক ধরনের চিকিৎসা আবিষ্কার করে গেছেন যা এখন ইউনাইটেড স্টেটসে তুমুল জনপ্রিয়। লক্ষ লক্ষ অনুগামী তার। যখন তাঁর বারো বছর বয়েস, তিনি পোলিও আক্রান্ত হন। তিনি শুনতে পান, ডাক্তারবাবু তাঁর মাকে বলছেন :

'আপনার ছেলে আজ রাতটুকু পার করবে না।'

মায়ের কান্না এরিকসনের কানে আসে। তিনি ভাবেন, 'কে বলতে পারে আজ রাতেই আমার কিছু হয়ে যাবে? যদি আমি বেঁচে থাকি, তাহলে মায়ের এত কষ্ট হবে না।'

এই ভেবে তিনি ঠিক করেন, রাতটা তিনি জেগেই কাটাবেন যতক্ষণ না ভোর হয়।

পরদিন সকালে তিনি মাকে ডেকে বলেন:

'দেখো, আমি বেঁচে আছি।'

পরিবারের খুশি দেখে এরিকসন ঠিক করে নেন, তিনি পরের দিনের জন্য বাঁচবেন। এইভাবে তিনি পরিবারকে ভোগান্তির হাত থেকে বাঁচাবেন।

১৯৮০ সালে আটাত্তর বছর বয়েসে তিনি মারা যান। তাঁর এই জীবনকালে, সীমাবদ্ধতাকে জয় করার মানুষের যে অসাধারণ ক্ষমতা আছে, তার ওপর অনেকগুলো বই লিখে গেছেন।

প্যাস্টর একজন শিক্ষানবীশ সন্ন্যাসী। সে তার শিক্ষাগুরুকে জিগ্যেস করল, 'ফাদার, জগতের জন্য আমার হৃদয় ভালোবাসায় পরিপূর্ণ, আমার অন্তরাত্মা সম্পূর্ণভাবে লোভমুক্ত। এরপর কী করণীয়?'

ফাদার যাচ্ছিলেন এক ব্যক্তির সৎকারের কাজে। তিনি প্যাস্টরকে তাঁর সঙ্গে যেতে বললেন।

কাজকর্ম মিটে যাবার পর ফাদার দেখলেন, ঘরের কোনায় একটা সিন্দুক রাখা আছে।

'এই সিন্দুকে কী আছে?' জিগ্যেস করলেন তিনি।

'জামাকাপড় যা আমার কাকা কোনোদিন পরেননি।' মৃত ব্যক্তির ভাইপো বলল। 'তিনি সর্বদাই সঠিক সময়ের অপেক্ষায় থাকতেন ওগুলি পরবেন বলে। ফলত, ওগুলিতে পচন ধরেছে।'

সেখান থেকে বেরিয়ে আসার পর ফাদার প্যাস্টরকে বললেন, 'এই সিন্দুকটির কথা মনে রেখো। তোমার হৃদয়ে যদি আধ্যাত্মিক গুপ্তধন থেকে থাকে, সেগুলিকে আজই কাজে লাগাও। নয়তো সেসবে পচন ধরবে।'

সিদ্ধপুরুষরা বলেন, আমরা যখন আধ্যাত্মিক পথে চলতে শুরু করি তখন ঈশ্বরের উদ্দেশ্যে এত কিছু বলি যে তিনি আমাদের কী বলছেন তা আর শোনা হয় না।

গুরু বললেন:

একটু বিশ্রাম নাও। আমাদের সহজাত প্রবৃত্তি হচ্ছে, আমরা সর্বদাই সঠিক কাজ করতে চাই এবং আমাদের মনে হয়, লাগাতার সেই কাজটুকু করে না গেলে আমরা বোধহয় সাফল্য পাব না।

চেষ্টা করা, অসফল হওয়া, আবার ঘুরে দাঁড়ানো— এ সবই গুরুত্বপূর্ণ কিন্তু, আমাদের ঈশ্বরের সাহায্যও নেওয়া উচিত। কোনো কাজে যখন আমরা চূড়ান্ত পরিশ্রম করি তখন নিজেদেরকে গভীরভাবে পর্যবেক্ষণ করা উচিত এবং ঈশ্বরকে আমাদের পথনির্দেশক হিসেবে গ্রহণ করা উচিত।

একটি পবিত্র মনাস্ট্রিতে একজন যুবক সন্ন্যাসীর সঙ্গে দেখা করে জানতে এল আধ্যাত্মিক পথে চলার জন্য তার কী করা উচিত।

সন্ন্যাসী বললেন, ‘এক বছর ধরে এমন কাউকে তুমি টাকা দিয়ে সাহায্য করো যে তোমাকে অহরহ অপমান করে অথবা খুব হিংস্র ব্যবহার করে।’

বারো মাস ধরে যুবকটি তাই করল এবং ফিরে এসে দেখা করল সন্ন্যাসীর সঙ্গে পরবর্তী ধাপ কী হবে, তা জানতে।

‘শহর থেকে আমার জন্য কিছু খাবার কিনে আনো।’ সন্ন্যাসী বললেন।

যুবকটি যাওয়ামাত্র সন্ন্যাসী ভিখিরির ছদ্মবেশ ধারণ করে সংক্ষিপ্ত রাস্তা ধরে বাজারে পৌঁছে গেলেন। যুবকটিকে দেখতে পেয়েই ছদ্মবেশী সন্ন্যাসী অপমানজনক কথার ফোয়ারা ছোটাতে লাগলেন।

‘চমৎকার! এক বছর ধরে এমন একজনকে আমায় সাহায্য করে যেতে হয়েছে যে আমার প্রতি বিষোদগার করে গেছে। আর এখন আমি এক পয়সা খরচ না করেই অপমানিত হচ্ছি।’ যুবকটি বলল।

কথাগুলি শুনতে পেয়ে সন্ন্যাসী ছদ্মবেশ খুলে ফেললেন। বললেন:

'পরবর্তী ধাপের জন্য তুমি তৈরি, কারণ তোমার সমস্যাকে তুমি হেসে উড়িয়ে দিতে শিখে গেছ।'

নিউ ইয়র্ক শহরে দুই বন্ধুর সঙ্গে হাঁটছিলেন পর্যটক। সাধারণ কথাবার্তা হতে হতে সেই দুই বন্ধুর মধ্যে হঠাৎই কথা কাটাকাটি শুরু হয় এবং প্রায় হাতাহাতির পর্যায়ে পৌঁছে যায়।

পরে, যখন তারা শান্ত হন, একটা পানশালায় গিয়ে বসেন। এক বন্ধু অপর বন্ধুর কাছে ক্ষমা চেয়ে বলেন:

'আমি লক্ষ্য করলাম, যারা কাছের মানুষ তাদের কষ্ট দেওয়া কত সহজ। তুমি যদি অপরিচিত কেউ হতে, তাহলে হয়ত আমি এত রেগে যেতাম না। কিন্তু তুমি আমার কাছের বন্ধু, তুমি আমাকে অন্যদের থেকে অনেক ভালো বোঝো, সেটাই হয়তো আমাকে এত উগ্র হয়ে ওঠার ছাড়পত্র দিয়েছে। এটাই মনুষ্য চরিত্র।'

কথাটা হয়তো সত্যি, কিন্তু নিজেদের সংযত থাকা উচিত।

এমন কিছু সময় আসে যখন কোনো একজন বিশেষ ব্যক্তিকে আমরা সাহায্য করতে চাই কিন্তু করে উঠতে পারি না। হয় পরিস্থিতি অনুকূল থাকে না অথবা নির্দিষ্ট ব্যক্তিটি সাহায্য নিতে অস্বীকার করেন।

গুরু বললেন:

এক্ষেত্রে ভালোবাসাই একমাত্র অস্ত্র। যখন আমাদের আর কিছু করার থাকে না, তখন নিঃস্বার্থ ভালোবাসাই একমাত্র কাজে লাগে। পরিবর্তে কিছুই আশা করা ঠিক নয়। তোমার ভালোবাসায় সেই মানুষটা বদলে যাবেন, এমনটা নয়। তিনি হয়তো ধন্যবাদও দেবেন না।

এটা যদি আমরা করতে পারি, ভালোবাসার শক্তি আমাদের চারপাশের জগতটাকে বদলাতে শুরু করবে। সেই শক্তি প্রকট হলেই তার জাদু শুরু হবে।

রোমান্টিক কবি জন কিটস কবিতার খুব সুন্দর সংজ্ঞা দিয়েছেন। চাইলে সেটি জীবনের সংজ্ঞা হিসেবেও ধরা যেতে পারে।

'আমার মনে হয়, কবিতা এমন হবে যা মানুষকে অবাকের থেকেও কিছু বেশি মুগ্ধ করবে। শুধুমাত্র একটি শব্দ নয়, সামগ্রিকভাবে পাঠক যেন কবিতাটির সঙ্গে নিজের চিন্তাভাবনার মিল খুঁজে পায় এবং সেটা তার স্মৃতিতে থেকে যায়।

'কবিতার সৌন্দর্য যেন পাঠককে কেবল তৃপ্ত নয়, দম ফেলার সময় পর্যন্ত না দেয়। কবিতার চলন, তার উজ্জ্বল উদয়, নম্র অস্ত, তার দৃশ্যকল্প যেন হয় স্বাভাবিক, ঠিক সূর্যের মতো। পাঠক যেন গোধূলির আবেশে মগ্ন হয়ে থাকে।'

বছর পনেরো আগের কথা। পর্যটক বলছেন, তিনি সে সময় ঈশ্বরে বিশ্বাস নিয়ে দ্বিধান্বিত। এরকম একটা দিনে রিও ডি জেনেইরোতে পর্যটক তার স্ত্রী এবং এক বন্ধুর সঙ্গে রেস্তোরাঁয় বসে খানাপিনা করছিলেন, সে সময়ে আর এক বন্ধু এসে তাদের সঙ্গে যোগ দিলেন। এই বন্ধুর সঙ্গে ১৯৬০-৭০ এর দশকে বহু রোমাঞ্চকর অভিযানে সামিল হয়েছিলেন পর্যটক।

'এখন তুমি কী করছ?' পর্যটক জিগ্যেস করলেন।

'আমি এখন পুরোহিত।' বন্ধুটি বললেন।

রেস্তোরাঁ থেকে বেরিয়ে রাস্তার ধারে শুয়ে থাকা একটি বালকের দিকে আঙুল দেখিয়ে পর্যটক ব্যঙ্গের ছলে বললেন:

'দেখো, তোমাদের যীশু পৃথিবীর কি দারুণ যত্ন নিচ্ছেন!'

'নিশ্চয়ই নিচ্ছেন।' পুরোহিত বন্ধুটি বললেন। 'প্রভু যীশু বালকটিকে এমন জায়গায় রেখেছেন যাতে তোমার চোখে পড়ে এবং তুমি তাকে সাহায্য করো।'

একদল ইহুদি শিক্ষার্থী এক জায়গায় জড়ো হয়েছে। তারা চেষ্টা করছে বিশ্বের সংবিধানকে যতটা সম্ভব সংক্ষিপ্ত আকারে লিখতে। যদি একজন মানুষের এক পায়ে দাঁড়ানো অভ্যেস করতে হয়, কেউ যদি মনুষ্য চরিত্র নিয়ন্ত্রক নিয়ম প্রবর্তন করে, তাকেই সর্বকালের শ্রেষ্ঠ মহাজ্ঞানী ব্যক্তি হিসেবে গণ্য করা হতো।

'যারা আইন ভাঙে ভগবান তাদের শাস্তি দেন।' একজন বলল।

অন্যজন বলল, এটা আইন নয়, হুমকি। অতএব সেই আইন বাতিল হলো।

এই সময়ে রাব্বি হিল্লেল এদের দলে এসে যোগ দিলেন। তিনি এক পায়ে দাঁড়িয়ে বললেন:

'অন্যের সঙ্গে এমন কিছু কোরো না যা সে তোমার সঙ্গে করলে তুমি পছন্দ করতে না। তোরাহ (Torah) তে এই কথাই সংক্ষেপে লেখা আছে, বাকিটা স্রেফ ধারাভাষ্য।

আর এই কারণেই রাব্বি হিল্লেলকে আজকের দিনে শ্রেষ্ঠ জ্ঞানী মানুষ হিসেবে মর্যাদা দেওয়া হয়।

বন্ধুর বাড়িতে বিশাল এক পাথরের খণ্ড দেখে ভাস্কর জেকব এপস্টাইন, এবং নাট্যকার জর্জ বার্নার্ড শ জিগ্যেস করলেন:

'এই গ্রানাইটের খণ্ড দিয়ে তুমি কি করবে?'

'ঠিক জানি না। নানারম ভাবনাচিন্তায় আছি।'

'তার মানে বলতে চাইছ, তোমার কাজ তুমি ভাবনাচিন্তা করে করো। আমি কেন সারাদিনে অজস্রবার ভাবনা পাল্টাই?'

'চার আউন্স ওজনের পাণ্ডুলিপি নিয়ে সেটা করা যায়, চার টনের পাথর নিয়ে করা যায় না।' ভাস্কর বললেন।

গুরু বললেন:

আমরা প্রত্যেকেই জানি যে ইচ্ছে করলে নিজেদের কাজ আরও উন্নত করে তুলতে পারি। সত্যিকারের কাজ যে করে, সেই একমাত্র বুঝবে, এটা কত কঠিন।

সন্ন্যাসী জোয়াও পেকোয়েনো ভাবলেন, 'আমার উচিত দেবদূতদের মতো হওয়া। যাঁরা কিছুই করেন না কিন্তু মহিমায় তাঁরা প্রায় ভগবানের সমকক্ষ।' সেই রাতেই পবিত্র মনাস্ট্রি ছেড়ে সন্ন্যাসী মরুভূমির উদ্দেশে রওনা দিলেন।

এক সপ্তাহ বাদে তিনি ফিরে এলেন। মনাস্ট্রির দ্বাররক্ষক সন্ন্যাসী দরজায় ধাক্কা শুনে জিগ্যেস করলেন কে।

'আমি সন্ন্যাসী জোয়াও। আমি ক্ষুধার্ত।'

'এ অসম্ভব,' দ্বাররক্ষক সন্ন্যাসী বললেন। সন্ন্যাসী জোয়াও দেবদূতে পরিণত হয়েছেন। কোনোভাবেই তাঁর খিদে লাগতে পারে না। এখন তাকে নিজের খাবার জোগাড় করার জন্য কাজও করতে হবে না।'

'আমার ঔদ্ধত্য ক্ষমা করো।' সন্ন্যাসী জোয়াও বললেন। 'দেবদূতরা মানুষকে সাহায্য করেন, এটাই তাঁদের কাজ এবং সেই কারণেই তাঁরা ভগবানের মতো মর্যাদা পান। আমিও নিজের কাজ নিজে করে তাঁদের মতো মর্যাদাসম্পন্ন হতে পারি।'

সন্ন্যাসী জোয়াওয়ের বিনয়ের সঙ্গে বলা কথাগুলো শুনে মনাস্ট্রির দরজা খুলে গেল।

যত রকমের শক্তিশালী অস্ত্রসস্ত্র মানুষ আবিষ্কার করেছে তার মধ্যে ভয়ঙ্করতম এবং কাপুরুষোতম হচ্ছে, শব্দ।

ছুরি বা আগ্নেয়াস্ত্র রক্তের দাগ রেখে যায়। বোমা বাড়িঘর, রাস্তাঘাট ধ্বংস করে। বিষ সর্বদাই সনাক্ত করা যায়।

গুরু বললেন:

কোনো চিহ্ন রেখে যাওয়া ছাড়াই ধ্বংস করে দিতে পারে শব্দ। অভিভাবকেরা বেশ কিছু বছর ধরে বাচ্চাদের নিয়ন্ত্রণে রাখে, পুরুষমানুষদের নির্মমভাবে সমালোচনা করা হয় আর স্ত্রীরা নিয়মিতভাবে তাদের স্বামীদের কথায় বিদ্ধ হন। ঈশ্বরবিশ্বাসী যাঁরা তারা ঈশ্বরের বাণী প্রচার করতে পারেন ধরে নিয়ে তাঁদের আলাদা করে রাখা হয়।

তুমি কি এই ধরনের কোনো অস্ত্র ব্যবহার করছ? কেউ কি তোমার বিরুদ্ধে এমন কোনো অস্ত্র ব্যবহার করছে? যদি তাই হয়, তবে এমনটা যেন না হয় খেয়াল রেখো।

কারেন উইলিয়ামস অদ্ভুত একটা পরিস্থিতির ব্যাখ্যা এইভাবে দিয়েছিলেন:

‘কল্পনা করুন, আপনি নিখুঁত মানুষদের সঙ্গে একটি নিখুঁত জগতে বসবাস করছেন। আপনি যা চাইছেন সেখানে তাই রয়েছে, প্রত্যেকে ঘড়ি ধরে নিখুঁতভাবে নিজেদের কাজ করছেন। যা কিছু আপনার ইচ্ছে, এই জগতে সব আছে। আপনি এক সময় যা স্বপ্নে দেখেছেন, তাও আছে। যতদিন খুশি আপনি বাঁচতে পারেন এখানে।

‘কল্পনা করুন একশো বা দুশো বছর পর, অপূর্ব প্রাকৃতিক দৃশ্যকে সামনে রেখে পরিপাটি এবং পরিচ্ছন্ন একটি বেঞ্চিতে বসে বসে ভাবছেন, ‘কি একঘেয়ে ব্যাপার, উত্তেজনা কোথায়?’

‘ঠিক সেই মুহূর্তে আপনার সামনে একটি লাল বোতাম দেখা দিল যার ওপরে লেখা “**চমক**!” ’

‘বোতামটা টেপা উচিত হবে কিনা ভাবতেই মন বলল, অবশ্যই! আপনি বোতামটা টিপলেন এবং অন্ধকার সুড়ঙ্গে প্রবেশ করলেন, বেরিয়ে এলেন বর্তমানে যেখানে আছেন।’

মরুভূমি অঞ্চলে এই গল্প প্রচলিত আছে। একজন লোক এক মরুদ্যান থেকে আর এক মরুদ্যানে ঘুরে বেড়ায়। এই সময় তার যা কিছু জিনিসপত্র সব পোষা উটের পিঠে চাপিয়ে নিয়ে যায়। এই রকম মরুদ্যান পরিবর্তনের সময়ে লোকটি তার উটের পিঠে কম্বল, রান্নার যাবতীয় সরঞ্জাম, ট্রাঙ্ক ভর্তি জামাকাপড়, সব চাপিয়েছে। উট কিন্তু সোজা দাঁড়িয়ে আছে। বেরোবার সময় লোকটির মনে পড়ে তার বাবার দেওয়া নীল পালকের কথা।

লোকটি ফিরে গিয়ে নীল পালকটি নিয়ে আসে এবং উটের পিঠে রাখে।

উটটি তক্ষুনি পড়ে মারা যায়।

লোকটি ভাবে, 'পালকের ওজন আমার উটের জন্য বড্ড বেশি ছিল।'

কোনো কোনো সময় আমাদের আপনজনদের সঙ্গে আমরা এমন ব্যবহার করে থাকি। আমরা বুঝতে পারি না, মজার ছলে বলা কোনো কথা হয়ত উটের পিঠে পালক রাখার মতোই ভারি হয়ে যাবে।

‘কিছু ক্ষেত্রে সিনেমায় দেখানো জিনিসে মানুষ এত অভ্যস্ত হয়ে যায় যে আসল ঘটনা ভুলে যায়।’ কেউ একজন পর্যটককে কথাগুলো বলল। সেই সময় তারা মিয়ামির বন্দর দেখছিল। ‘*টেন কমান্ডমেন্টস* সিনেমাটার কথা মনে আছে?’

‘অবশ্যই আছে। এক সময়ে মোজেসের ভূমিকায় অভিনয় করা চার্লটন হেস্টন, তার অনুগামীদের জড়ো করলেন, জল দুভাগে ভাগ হয়ে গেল, হিব্রু মানুষজন লোহিত সাগর পার হয়ে গেল।’

‘বাইবেলে কিন্তু অন্যরকম আছে।’ অন্যজন বলল। ‘সেখানে ঈশ্বর মোজেসকে নির্দেশ দিচ্ছেন, “ইসরেইলের সন্তানদের এগোতে বলো।” যখন তারা এগোতে শুরু করল, মোজেস তাঁর ক্ষমতা প্রয়োগ করে লোহিত সাগরকে দুভাগ করে দিলেন। নির্দিষ্ট পথ পার হবার সাহস থাকলে তবেই পথ নিজেকে প্রকাশ করে।’

চেলো বাদক পাবলো কাসালস-এর লেখনী থেকে:

'প্রতিদিনই আমার নতুন জন্ম হচ্ছে। প্রত্যেক দিন আমি নতুন করে শুরু করছি। বিগত আশি বছর ধরে একই ভাবে আমি দিন শুরু করছি। এটা কোনো যান্ত্রিক নিয়ম নয় কিন্তু আমার নিত্যযাপনের জন্য অপরিহার্য। আমি পিয়ানোর সামনে গিয়ে বসি। বাখ-এর সৃষ্টি থেকে দুটো ভূমিকা এবং অন্যান্য মিশ্র রচনা বাজাই। আমার বাড়ির জন্য একে স্বস্তিবচন হিসেবে ধরা যেতে পারে। অন্যদিকে জীবন রহস্যের সঙ্গে পুনরায় যোগাযোগ স্থাপনের প্রচেষ্টাও বলা যেতে পারে, কারণ অলৌকিকত্ব মনুষ্য জীবনের অঙ্গ। যদিও আমি আশি বছর ধরে বাজাচ্ছি, বাজনা কিন্তু কখনোই এক হয় না; সর্বদাই আমি নতুন, দুর্দান্ত, অবিশ্বাস্য কিছু শিখে চলেছি।'

গুরু বললেন:

একদিকে যেমন ঈশ্বরের খোঁজে থাকা গুরুত্বপূর্ণ, অন্যদিকে আবার জীবনযাত্রা তাঁর থেকে আমাদের দূরে ঠেলে দেয়। আমাদের মনে হয় ঈশ্বর আমাদের গুরুত্ব দিচ্ছেন না অথবা, আমরা জীবন নিয়ে অতিরিক্ত ব্যস্ত। এই কারণে মাঝেমাঝে নিজেদের আমরা দোষী মনে করি। আমরা কেউ কেউ ভাবি ঈশ্বর ঈশ্বর করে জীবনের অনেকটা সময় ব্যয় করে ফেলছি, আবার কেউ কেউ ভাবি সংসার সংসার করে ঈশ্বরকেই ডাকা হচ্ছে না।

এই দু ধরনের চিন্তাভাবনাই কল্পনাপ্রসূত। জীবনই ঈশ্বর, ঈশ্বরই জীবন। জীবনের চরম লক্ষে পৌঁছতে এই বিষয়ে আমাদের যথেষ্ট সতর্ক থাকতে হবে। নিত্যদিনের যাপনে আমরা যদি পবিত্রতার সঙ্গে চলতে পারি তাহলেই সঠিক পথে চলে নিজেদের কাজ সফল ভাবে করতে পারব।

পাবলো পিকাসো বলেছেন:

ঈশ্বর হলেন শিল্পী। তিনি জিরাফ সৃষ্টি করেছেন, হাতি সৃষ্টি করেছেন আবার পিঁপড়েও সৃষ্টি করেছেন। কোনো নির্দিষ্ট নিয়ম তিনি মানেননি, তাঁর যা মনে হয়েছে তিনি তাই করেছেন।

গুরু বললেন:

জীবনপথে চলার শুরু থেকে আমরা ভয়ে থাকি; আমাদের মনে হয় সব কাজ নিখুঁতভাবে করতে আমরা দায়বদ্ধ। আমাদের প্রত্যেকের জীবন অনন্য, সেখানে নিখুঁত বিষয়টা আসে কোথা থেকে? ঈশ্বর সৃষ্টি করেছেন জিরাফ, হাতি, পিঁপড়ে, তাহলে নির্দিষ্ট নকসা অনুসরণ করার প্রয়োজন কোথায়?

অন্যের চিন্তাভাবনার প্রতিফলন ঘটে তার করা নকসায়। আমরা সেসবের প্রশংসা করে থাকি আবার তাদের করা ভুলভ্রান্তির পুনরাবৃত্তিও করি। বেঁচে থাকার জন্যই এটুকু করা।

কয়েকজন ধর্মপ্রাণ ইহুদি একটি সিনাগগে (ইহুদিদের প্রার্থনাস্থল) প্রার্থনা করছিল। একটি বালকের 'এ বি সি ডি...' উচ্চারণের শব্দ তাঁদের কানে এল।

তারা পবিত্র মন্ত্রোচ্চারণে মনোনিবেশ করার চেষ্টা করল কিন্তু সেই স্বর তাদের কানে বাজতে লাগল:

'এ বি সি ডি...'

তারা মন্ত্রোচ্চারণ থামিয়ে পেছন দিকে তাকাল। দেখল একটি বালক তখনও বলে চলেছে:

'এ বি সি ডি...'

রাব্বি (ইহুদি শিক্ষক) এগিয়ে গেলেন বালকটির দিকে। জিগ্যেস করলেন:

'তুমি এটা কেন করছ?'

'কারণ আমি পবিত্র মন্ত্রগুলি জানি না। তাই আমি বর্ণগুলো উচ্চারণ করছি এই আশা নিয়ে যে, ঈশ্বর এগুলি গ্রহণ করবেন এবং সঠিক শব্দ বানিয়ে নেবেন।' বালক বলল।

'যে শিক্ষা তুমি দিলে তার জন্য ধন্যবাদ। যতদিন এই পৃথিবীতে আছি, আমি চাই প্রতিটা দিন ঈশ্বরকে দিতে। যেভাবে তুমি তোমার বর্ণমালা তাঁকে দিয়েছ, ঠিক সেইভাবে।' রাব্বি বললেন।

গুরু বললেন:

আমাদের প্রত্যেকের ভেতর ঈশ্বরের উপস্থিতি অনেকটা ছায়াছবির পর্দার মতো। নানা ধরনের পরিস্থিতি দেখা যায় পর্দায়। মানুষ প্রেমে পড়ছে, গুপ্তধন আবিষ্কৃত হচ্ছে, দূরবর্তী দেশ চোখের সামনে চলে আসছে।

কোন ধরনের ছবি দেখানো হচ্ছে তাতে কিছু যায় আসে না; পর্দা একই থাকে। রক্ত ঝরল কি কান্না— কিছুই পর্দার সাদা রঙকে মলিন করতে পারে না।

জীবনের সমস্ত আনন্দ, দুঃখের পেছনে ঈশ্বর থাকেন, ঠিক ওই পর্দার মতো। জীবনের ছায়াছবি শেষ হলেই তাঁর দেখা পাওয়া যাবে।

হিন্দু মন্দিরের পাশ দিয়ে এক তীরন্দাজ যাচ্ছিল। কঠোর শিক্ষাদানের জন্য মন্দিরটি বিখ্যাত ছিল। তীরন্দাজ দেখতে পেল, মন্দিরের বাগানে কিছু সাধু মদ্যপান করছে, হুল্লোড় করছে।

তীরন্দাজ বেশ জোরের সঙ্গে বলল, 'এরা কি ভীষণ ভণ্ড!' যারা ঈশ্বরপ্রাপ্তির পথে চলে, নিয়মানুবর্তিতা তাদের কাছে কত জরুরি, তা সবাই জানে। আর এরা কিনা মন্দিরের বাইরে মদ্যপান করছে!'

তীরন্দাজের কথা শুনতে পেয়ে বয়োজ্যেষ্ঠ সাধু জিগ্যেস করলেন, 'একশোটা তীর পরপর ছোঁড়ার পর তোমার ধনুকের কী অবস্থা হবে?'

'ধনুকটা ভেঙে যেতে পারে।' তীরন্দাজ বলল।

'ক্ষমতার বাইরে গিয়ে যদি কেউ কিছু করে, তার ইচ্ছেগুলো নষ্ট হয়ে যায়। কাজ এবং বিশ্রামের মধ্যে যদি সমতা না রাখতে পারো, তোমার উৎসাহ এবং পথ— দুটোই হারিয়ে যাবে।

শান্তিচুক্তি সই করিয়ে আনতে রাজা তার দূতকে দূরবর্তী রাজ্যে পাঠালেন। যাবার আগেই দূত তার কয়েকজন বন্ধুর কাছে বিষয়টা ফাঁস করে দিল। বন্ধুদের কয়েকজনের আবার সেই রাজ্যের সঙ্গে ব্যবসায়িক সম্পর্ক ছিল। তারা দূতকে কয়েকদিন অপেক্ষা করে যেতে বলল। যেহেতু এটা শান্তিচুক্তি, আরো বেশি লাভের উদ্দেশ্যে ব্যবসায়ীরা তাদের ব্যবসার কৌশল বদলে নিল।

এসব করে শেষমেষ দূত যখন রওনা দিল তখন শান্তিচুক্তির জন্য প্রচুর দেরি হয়ে গেছে। যুদ্ধ আরম্ভ হয়ে যাওয়াতে রাজার সমস্ত পরিকল্পনা ভেস্তে গেল, মাঠে মারা গেল সেই ব্যবসায়ীদের পরিকল্পনাও।

গুরু বললেন:

জীবনে একটা গুরুত্বপূর্ণ কাজ আমাদের করা উচিত:

ব্যক্তিগত কিংবদন্তী হয়ে বাঁচা উচিত। যে কাজের ভার আমাদের দেওয়া হয়েছে তা পূরণ করা উচিত। কিন্তু, কিছু অর্থহীন কাজের জন্য আমরা অপেক্ষা করে নিজেদের স্বপ্নকে চুরমার করি।

পর্যটক তখন সিডনিতে। দুই শহরকে জুড়েছে যে সেতু, মন দিয়ে সেটা দেখছিলেন তিনি। এই সময়ে অস্ট্রেলীয়বাসী এক ভদ্রলোক এসে খবরের কাগজে বেরনো একটা বিজ্ঞাপন পড়ে দেবার কথা বলেন তাকে।

'এত ছোট লেখা আমি পড়তে পারছি না। আমার চশমা বাড়িতে ফেলে এসেছি।' ভদ্রলোক বললেন।

পর্যটকও চশমা না নিয়ে বাড়ি থেকে বেরিয়েছেন। ভদ্রলোকের কাছে তিনি ক্ষমা চাইলেন। খানিক সময় নিয়ে ভদ্রলোক বললেন:

'ঠিক আছে, বিজ্ঞাপন নিয়ে আর মাথা ঘামিয়ে কাজ নেই।'

কথা চালিয়ে যাবার জন্য তারপর ভদ্রলোক বললেন:

'কেবল আমরাই নই, ভগবানও চোখে কম দেখেন। বয়স্ক বলে কম দেখেন তা নয়, তিনি কম দেখাকে বেছে নিয়েছেন। এভাবেই যখন তিনি দেখেন যে, তাঁর প্রিয় কেউ কোনো বেঠিক কাজ করেছে, হঠাৎই তিনি চোখে দেখতে পান না। তাই অবিচার না করে, তাদের ক্ষমা করে দেন।'

'যারা ভালো কাজ করে তাদের তাহলে কী হয়?' পর্যটক জিগ্যেস করেন।

'তাদের ক্ষেত্রে ভগবান কখনোই চশমা বাড়িতে ফেলে আসেন না।' এই বলে হেসে ভদ্রলোক চলে যান।

'প্রার্থনার থেকে বেশি জরুরি কিছু আছে কি?' শিষ্য প্রশ্ন করল গুরুকে।

গুরু তাকে বললেন কাছাকাছি কোনো গাছের একটা ডাল কেটে আনতে। শিষ্য তাই করল।

'গাছটা কি বেঁচে আছে?' গুরু জানতে চাইলেন।

'যেমন আগে ছিল তেমনই আছে।' শিষ্য বলল।

'এবার গিয়ে গাছের শেকড় কেটে আনো।' গুরু বললেন।

'শেকড় কাটলে গাছটা তো মরে যাবে।' শিষ্য বলল।

'প্রার্থনা হলো গাছের ডালপালার মতো, যার শেকড় হচ্ছে বিশ্বাস। প্রার্থনা ছাড়া বিশ্বাসের অস্তিত্ব আছে কিন্তু বিশ্বাস ছাড়া প্রার্থনা অচল।' গুরু বললেন তার শিষ্যকে।

পাওলো কোয়েলহো

আভিলার (Ávila) সন্ত টেরেসা লিখে গেছেন:

'মনে রেখো, ঈশ্বর আমাদের সকলকে আমন্ত্রণ জানিয়েছেন; এবং যেহেতু তিনি নিজেই "সত্য", আমরা তাঁকে সন্দেহ করতে পারি না। তিনি বলেছেন, "যারা তৃষ্ণার্ত। তারা আমার কাছে এসো। আমি তোমাদের পানীয় দেব।" তাঁর এই আমন্ত্রণ যদি সকলের জন্য না হতো, তবে তিনি বলতেন, "সকলেই এসো, এলে কিছু ক্ষতি নেই, তবে পানীয় তাদেরই দেব যাদের আমি উপযুক্ত মনে করব।" তিনি কিন্তু এই শর্ত ছাড়াই সকলকে ডেকেছেন। আমি মনে করি, বিশ্বাসের পথ থেকে সরে না গেলে আমরা সকলেই তাঁর সাহায্য পাব।'

যেন (Zen) সন্ন্যাসীরা পাথরকে সামনে রেখে প্রার্থনায় বসেন। মনে মনে ভাবেন, 'পাথরটা বড় হবার অপেক্ষায় রইলাম।'

গুরু বললেন:

আমাদের চারপাশের পৃথিবী ক্রমাগত পরিবর্তিত হচ্ছে। প্রতিদিন সূর্য এক নতুন পৃথিবীকে আলোকিত করছে। যাকে আমরা নিত্যকর্ম বলে থাকি, তা পরিপূর্ণ থাকে নতুন ভাবনা এবং সুযোগে। আজকের দিনটা যে গতকালের থেকে আলাদা, আমরা তা লক্ষ্যই করি না। প্রতিটা দিনই অনন্য।

আজ হয়তো তোমার জন্য কোনো উপহার অপেক্ষা করছে। হতে পারে সেটা কারুর হাসিমুখ অথবা, বিশাল কোনো জয়ের খবর। উপহার ছোট না বড়, তা দিয়ে কিছু এসে যায় না। ছোট বড় নানান অলৌকিক ঘটনা দিয়েই জীবন সাজানো। কোনো কিছুই একঘেয়ে নয়, কারণ সবই পরিবর্তনশীল। পৃথিবীতে বিরক্তিকর বলে কিছু নেই, সবটাই নির্ভর করছে আমদের দৃষ্টিভঙ্গির ওপর।

টি এস এলিয়ট লিখে গেছেন: 'অন্বেষণ থেকে আমরা কখনোই বিরত থাকব না। সব অন্বেষণের শেষে আমরা সেখানেই পৌঁছব, যেখান থেকে শুরু করেছিলাম। আবার নতুন করে খোঁজ শুরু হবে।'

অনুবাদক পরিচিতি

চুমকি চট্টোপাধ্যায়-এর জন্ম কলকাতায় হলেও বাবার চাকরিসূত্রে স্কুল জীবনের বেশিটাই কেটেছে গ্রামে, মফস্‌সলে। সমসাময়িক শহুরে বন্ধুদের থেকে অনেকটাই আলাদাভাবে বেড়ে ওঠা। সেই অমলিন কিছু স্মৃতি ছাপ ফেলে গেছে লেখাগুলোতে। বিজ্ঞানে স্নাতকোত্তর, সাহিত্য নিয়ে চর্চার কথা ভাবেননি কখনো। পরিবেশ যে মানুষের মধ্যে কতটা পরিবর্তন আনে, তার অবধারিত উদাহরণ চুমকি চট্টোপাধ্যায়। লেখা আর পড়া ছাড়াও ভালোবাসেন নির্ভেজাল আড্ডা দিতে, মানুষের মনের কাছাকাছি পৌঁছতে।